AF401257

CARNOT

IMPRIMERIE CENTRALE DES CHEMINS DE FER. — IMPRIMERIE CHAIX. — RUE BERGÈRE, 20, PARIS.   25288-7.

1753 — LAZARE CARNOT — 1823

d'après le portrait de Boilly, communiqué
par M. Hipp. Carnot.

CARNOT

L'ORGANISATEUR

DE LA VICTOIRE

1753-1823

PAR

A. PICAUD

NOUVELLE ÉDITION

CHARAVAY, MANTOUX ET Cie, ÉDITEURS

14, rue de l'Abbaye 14

PARIS

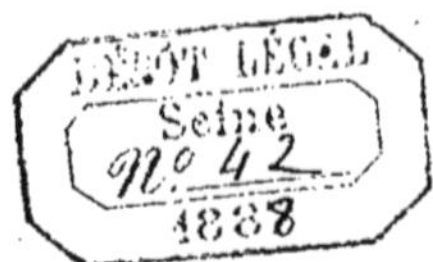

CARNOT

CHAPITRE PREMIER

LA PATRIE

Au moment où j'écris ce livre, il n'est pas une école, pas un établissement d'instruction publique, où les élèves n'aient entre leurs mains un de ces recueils dans lesquels se trouvent renfermées les plus belles pages de ces grands écrivains qui sont la gloire et l'honneur de la France. Ils savent combien ils y peuvent trouver de pensées généreuses, de nobles sentiments.

Parmi les pages qui se rencontrent dans tous ces recueils, quels qu'ils soient, il en est une qui frappe tout d'abord et à première vue, parce que, à la suite de chaque paragraphe, reviennent invariablement ces mêmes mots : « L'exilé partout est seul! » C'est peut-être la plus belle page qu'ait écrite M. de Lamennais, et il est un des plus grands parmi les écrivains de ce siècle.

Cette page frappe la jeunesse et cependant elle se doute
à peine de ce que peut être l'exil.

« L'exilé partout est seul! » Peut-être a-t-il pour lui les
satisfactions que donne la fortune; peut-être trouve-t-il des
mains qui se tendent vers lui comme pour partager ses
douleurs; peut-être est-il entouré de l'estime de tous :
L'exilé partout est seul!

Que lui manque-t-il donc? Il lui manque cette terre de la
Patrie, cette terre dont jadis les Grecs emportaient avec
eux quelques atomes quand ils allaient au loin fonder une
colonie nouvelle. Il lui manque la vue de cette terre où sont
les tombeaux de ses pères, de cette terre qui renferme son
foyer, de cette terre qui a été le témoin de ses premières
joies et de ses premières douleurs.

L'éloignement de la Patrie, c'est la plus terrible des
peines, et quelques-uns l'ont estimée pire que la mort
Danton, en 1794, était menacé; ses amis le pressaient de
fuir : « Croyez-vous donc que l'on emporte sa Patrie à la
semelle de ses souliers? » Et il préféra rester et braver
l'échafaud!

De nos jours n'avons-nous pas vu l'un des plus grands
parmi ceux qui ont fait l'Italie moderne, l'héroïque défenseur de Venise, Daniel Manin, s'éteindre lentement sur la
terre d'exil? et cependant il avait rencontré à Paris
d'ardentes sympathies; il y était entouré du respect de
tous!

Telle est la puissance, telle est la force de ce sentiment

de la Patrie. Aussi devons-nous tout notre respect à ceux
qui ont créé cette grande Patrie française qui est la nôtre,
à ceux qui l'ont illustrée, à ceux qui l'ont agrandie, à ceux
qui l'ont sauvée.

Que de noms il y aurait à citer ici, à toutes les épo-
ques, dans tous les rangs, dans toutes les classes de la
société! Rappelez-vous Du Guesclin, le bon connétable, qui
fit reculer les Anglais, et Turenne dont le génie, en 1674,
en triomphant des armées allemandes, nous conserva cette
Alsace qui était française alors, et dont aujourd'hui, hélas!
nous déplorons la perte. Voyez l'abbé Suger veillant sur le
berceau de la nationalité française, et Colbert usant ses
forces et sa vie à nous donner le commerce et l'industrie
qui nous manquaient. Les femmes de France ne tiennent-
elles pas aussi leur place : Jeanne d'Arc, la bonne Lorraine
qu'Anglais brûlèrent à Rouen, pour rappeler le vers du vieux
poète Villon; Jeanne Hachette qui, du haut des remparts
de Beauvais, forçait à reculer les hordes bourguignonnes;
et dans les plus sombres journées de la Révolution cette
femme si grande et si simple à la fois, Mme Roland, qui,
jusqu'aux marches de l'échafaud, restait fidèle au culte de
la liberté. Tous les rangs se confondent, toutes les conditions se mêlent dans un égal héroïsme, depuis Robert le
Fort, le premier ancêtre des Bourbons, succombant à Bris-
sarthe en combattant contre les envahisseurs normands,
jusqu'au ferblantier Meuris, qui, avec son bataillon, luttait
pendant huit heures contre toutes les forces vendéennes,

et, par cette résistance acharnée, sauvait Nantes et la
République.

Ceux-là ont servi la France, et il y en a bien d'autres!
Nul cependant n'a été plus complètement, plus glorieuse-
ment, le serviteur de la France, que le plus modeste de
tous, celui qui a été appelé l'organisateur de la victoire,
Carnot.

Triste condition de l'humanité! Il y a deux siècles, La
Bruyère écrivait, en parlant du créateur de la science
moderne, ces mots si navrants dans leur simplicité : « Des-
cartes, né Français et mort en Suède! » Et nous, à notre
tour, nous dirons : « Carnot sauva la France à Wattignies,
et il mourut sur la terre d'exil; et sur le sol de la France
qu'il a tant aimée, il n'a pas même un tombeau! »

C'est l'histoire de Carnot que je veux raconter, c'est
sa vie que j'essaierai de rappeler ici ; car c'est l'histoire
d'un grand homme, c'est la vie d'un citoyen qui, partout et
toujours, fut le serviteur de la France.

CHAPITRE DEUXIÈME

LA FRANCE AU MOIS D'AOUT 1793

Nos enfants connaissent l'histoire de notre pays, on l'enseigne aujourd'hui dans toutes les écoles ; et cette grande, cette immortelle Révolution française, dont bientôt arrivera le centenaire, ils n'ont plus à en ignorer les faits les plus importants. Terrible époque, où les années sont des siècles, tant les événements se précipitent, tant ils annoncent une transformation radicale de la vieille France !

Arrêtons-nous un instant sur un moment critique, le mois d'août 1793. Où en était la France? Ses ennemis la croyaient perdue, et ce sera à cette heure même que, par un puissant et glorieux effort, elle ramènera la victoire sous ses drapeaux et l'y fixera pour longtemps.

Où en était la France? La Convention nationale allait arriver à la deuxième année de son mandat. Mais les différents partis dont elle se composait avaient engagé les uns contre les autres une lutte acharnée.

La Gironde et la Montagne (1), par leurs querelles fatales, allaient mettre la France à deux doigts de sa perte. C'était en vain que Danton, le grand homme d'Etat de la Révolution, avait essayé de s'interposer; en vain il avait tendu la main aux Girondins; les Girondins étaient restés sourds à cet appel; ils avaient continué leur misérable système d'attaques personnelles; ils avaient envoyé Marat au tribunal révolutionnaire, et Marat avait été acquitté, il était rentré en triomphe à la Convention et dans ce triomphe s'était évanouie la puissance morale de la Gironde. Le 31 mai 1793 vit la chute de ce parti si brillant; vingt-deux députés étaient décrétés d'arrestation; les exaltés triomphaient, non pas même les Jacobins, mais ce triste parti, qui avait pour chef l'ignoble rédacteur du *Père Duchesne*, Hébert (2).

La Révolution du 31 mai avait entraîné cependant des conséquences qui pouvaient être terribles. Quelques-uns des Girondins s'étaient réfugiés à Caen, ils essayaient de soulever la Normandie; et dès la première heure ils se voyaient débordés : l'insurrection naissante appelait à sa

(1) LA GIRONDE ET LA MONTAGNE. — Noms caractéristiques des deux partis entre lesquels se divisait la Convention nationale. La Montagne se composait surtout des députés de l'Est et de ceux de Paris; ils siégeaient sur les gradins les plus élevés de l'assemblée: de là leur désignation. La Gironde comprenait en majeure partie les députés de l'Ouest et du Centre; elle fut abattue au 31 mai.

(2) HÉBERT. — Jacques-René Hébert, né à Alençon en 1755, substitut du procureur de la Commune, rédacteur du *Père Duchesne*, décapité le 22 mars 1794.

1789 G.-J. DANTON 1794

tête deux royalistes, Wimpffen (1) et Puisaye (2). A Lyon, c'était plus grave, Lyon était en pleine révolte, et là, également, deux royalistes prenaient le commandement, Précy (3) et Virieu (4). A Toulon les officiers royalistes avaient livré aux Anglais la flotte et la ville. Marseille et Bordeaux étaient prêtes à se soulever. La Vendée tout entière était en armes; le tocsin, qui avait sonné à Saint-Florent-d'Anjou, avait entraîné, paroisse par paroisse, cent mille paysans vendéens; le voiturier du Pin-en-Mauges, Cathelineau (5) était à leur tête; Saumur va succomber, Nantes est menacée.

(1) WIMPFFEN. — Félix, baron de Wimpffen, né en 1745, député de la noblesse de Caen aux Etats généraux, général, un des chefs du parti girondin, mort à Bayeux en 1814.

(2) PUISAYE. — Joseph-Geneviève, comte de Puisaye, né en 1754 à Mortagne, mort le 13 septembre 1827 en Angleterre, à Blythehome. Il fut député du Perche aux États généraux. Chef d'état-major de Wimpffen en 1793, puis l'un des organisateurs de la chouannerie, mal vu des royalistes après Quiberon, il acheva sa vie en Angleterre.

(3) PRÉCY. — Louis-Ferdinand Perrein, comte de Précy, né au château de Précy, près Semur, le 15 janvier 1742, mort à Montigny-sur-Loire, le 25 août 1820. L'un des chefs de l'insurrection de Lyon, il réussit à s'échapper. Il ne joua depuis aucun rôle marquant.

(4) VIRIEU. — François-Henri, comte de Virieu, né à Grenoble le 13 août 1754, colonel en 1789, député de la noblesse du Dauphiné aux Etats généraux, un des organisateurs de la révolte de Lyon contre la République, tué en défendant cette ville le 15 octobre 1793.

(5) CATHELINEAU. — Jacques-Pierre Cathelineau, né au Pin-en-Mauges (Bas-Anjou), le 5 janvier 1759. Son père était maçon. Lui-même exerça ce métier, puis se fit marchand colporteur. Ses compatriotes l'appelaient le saint de l'Anjou. Généralissime des Vendéens, il fut tué au siège de Nantes le 14 juillet 1793. Trois de ses frères périrent dans la guerre de la Vendée, et avec eux trente-trois de ses oncles, neveux ou cousins.

Si de l'intérieur nous reportons nos regards vers les frontières, le spectacle est plus triste encore. L'Espagnol a franchi les Pyrénées; une armée piémontaise menace les Alpes-Maritimes. A la frontière du Nord, à la frontière

TROUPES ESPAGNOLES

de l'Est, partout l'ennemi prend l'offensive. Le duc d'York avec une armée anglo-hollandaise, marche contre Dunkerque. Valenciennes et Condé ont succombé. Le prince de Cobourg, avec l'armée autrichienne, s'est avancé jusqu'à Saint-Quentin; il a fallu évacuer La Fère. Maubeuge va être bloquée ; et si Maubeuge succombe, l'ennemi est maître de la route de Guise, il ne reste plus de place de défense jusqu'à Paris. Les émigrés pressent les généraux ennemis de prendre une offensive hardie ; ils ont leurs haines à assouvir, leurs vengeances à satisfaire. Sur le Rhin tout l'avantage est encore à l'ennemi. Mayence est bloquée ; les généraux de l'armée du Rhin, Custine (1), Beauharnais (2), restent immobiles ; Mayence succombe, malgré l'héroïsme de la garnison, malgré le génie des généraux Meusnier (3), Aubert-Dubayet (4), Kléber (5), malgré l'indomptable audace du commissaire de la Convention, Merlin de Thion-

(1) Custine. — Adam-Philippe, comte de Custine, né à Metz en 1740. La protection du duc de Choiseul fit créer pour lui le régiment des dragons de Custine. Il servit avec éclat en Amérique et était maréchal de camp en 1789, quand il fut nommé député de Metz aux États généraux. Général en chef de l'armée du Rhin, il périt sur l'échafaud le 24 août 1793.

(2) Beauharnais. — Alexandre, vicomte de Beauharnais, né à la Martinique en 1760 ; marié à Joséphine Tascher de la Pagerie, qui épousa depuis Bonaparte. Il avait fait la guerre d'Amérique. Député de Blois aux États généraux, il présidait l'assemblée quand on annonça la fuite du roi et son arrestation à Varennes. Général en chef de l'armée du Rhin, il demeura inerte devant l'attaque de Mayence. Cette faute lui coûta la vie. Il périt sur l'échafaud, le 23 juin 1794.

(3) Meusnier. — Jean-Baptiste-Marie Meusnier, né à Paris, le 19 juin 1754, membre de l'Académie des sciences en 1784, défenseur de Mayence. Il y fut tué le 13 juin 1793.

(4) Aubert du Bayet. — Jean-Baptiste-Annibal Aubert du Bayet, né à la Louisiane, le 29 août 1759 ; il débuta en Amérique avec Rochambeau et était capitaine en 1788. Il se distingua à Valmy, mais plus encore à Mayence. Ministre de la guerre, puis ambassadeur de France à Constantinople, il mourut dans cette ville le 17 décembre 1797.

(5) Kléber. — Jean-Baptiste Kléber, né à Strasbourg en 1753, assassiné au Caire le 14 juin 1800. Il était, au moment de la Révolution, inspecteur de

ville (1), Autrichiens et Prussiens vont pouvoir se donner la main : Landau est assiégé.

Que font les armées françaises? Elles sont réduites à l'impuissance; les hommes manquent, les approvisionnements, les munitions manquent aussi. Après la défection de Dumouriez, le marquis de Dampierre avait relevé l'armée du Nord; mais Dampierre avait été tué (2). D'ailleurs, sous l'administration du ministre de la guerre Bouchotte, les généraux ne faisaient que passer. Au Nord et sur le Rhin on en compta six en huit mois à chacune des deux armées.

La Convention semblait paralysée : le Comité de salut public ne bougeait pas, les ministres ne comptaient pas. Ce qui s'était fait depuis deux mois de plus utile, d'immédiate-

bâtiments de la ville de Belfort. Engagé volontaire, il devint général à la défense de Mayence, fut envoyé en Vendée où il battit les rebelles au Mans et à Savenay; puis au Nord et sur le Rhin, où sa renommée grandit encore. Il accompagna Bonaparte en Égypte; et quand celui-ci quitta son armée pour revenir en France, Kléber prit le commandement en chef. Il vainquit les Turcs à Héliopolis, réprima la révolte du Caire, et il achevait la pacification du pays quand il fut assassiné.

(1) MERLIN DE THIONVILLE. — Né à Thionville le 13 septembre 1762, Antoine-Christophe Merlin (dit de Thionville pour le distinguer de Merlin de Douai), était, avant la Révolution, avocat au barreau de Metz. Député à la Convention, il doit son illustration à la défense de Mayence; les Allemands l'avaient surnommé le Diable-de-feu. Son rôle s'effaça depuis. Il mourut obscur à Paris, le 14 septembre 1833.

(2) DAMPIERRE. — Henri-Marie Picot, marquis de Dampierre, né à Paris en 1756. Il adopta les principes de la Révolution et fut président du Directoire de l'Aube. Soldat, il brilla à Valmy et à Jemmapes; général en chef après la trahison de Dumouriez, il fut blessé à mort le 9 mai 1793.

ment plus efficace pour le salut, c'était sans les ministres, sans le Comité.

Seule, sans secours du centre, Nantes tint en échec la

MERLIN DE THIONVILLE.

Vendée, malgré le centre même qui destituait Canclaux, l'excellent général de Nantes.

Seul, sans secours du centre, Dubois-Crancé (1) orga-

(1) DUBOIS-CRANCÉ. — Edmond-Louis-Alexis Dubois de Crancé, né à Charleville en 1747; député de Vitry-le-François aux États généraux; député

nisa les forces montagnardes qui continrent le Sud-Est, isolèrent Lyon des Alpes; le tout, comme il dit lui-même, sans le Comité, malgré lui.

Seul, par sa sagesse individuelle et sa modération, Robert Lindet poursuivait la pacification de la Normandie. Et le Comité n'y fit rien qu'envoyer, pour plaire aux Hébertistes, un homme à moitié fou, Carrier (1).

Ces efforts partiels avaient pu réussir, tant que le gros des forces ennemies avait été retenu devant Mayence et devant Valenciennes; mais, à cette heure où Dunkerque, Maubeuge, Landau, sont menacés, il faut des mesures énergiques. L'un des membres de la Convention disait à Danton : « Prenez le pouvoir! — Que voulez-vous que je fasse? répondait Danton; ils n'ont pas confiance. » Et en effet il se fût trouvé seul devant l'inertie du Comité et l'hostilité sourde de Robespierre, qui n'osait pas encore rompre en visière à la faction hébertiste.

Danton prononça le mot de la situation. C'était le 1ᵉʳ août. Il parut à la tribune et il dit : « Érigez en gouvernement provisoire le Comité de salut public; que les

des Ardennes à la Convention nationale; il reprit Lyon sur l'insurrection royaliste. Ministre de la guerre à la fin du Directoire, il fut mis à l'écart par le gouvernement du 18 brumaire et mourut dans la retraite à Rethel le 29 juin 1814. Il a été l'un des organisateurs des armées de la Révolution.

(1) CARRIER. — Jean-Baptiste Carrier, né à Yolai près d'Aurillac, en 1756, député à la Convention, tristement célèbre par ses fureurs sanguinaires à Nantes, rappelé par le Comité de salut public, condamné à mort et décapité le 16 décembre 1794.

ministres ne soient que ses agents; confiez-lui cinquante millions. »

Que fallait-il en effet? il fallait créer un gouvernement.

DUBOIS-CRANCÉ.

Le Comité n'osa pas accepter le pouvoir qui lui était offert.

Mais tout allait en s'aggravant, surtout le désordre. Camille Desmoulins écrivait cette phrase : « J'ai eu la curiosité de me rendre au Comité militaire de la Convention nationale, qui devait se composer de quatre membres;

mais le premier avait la goutte, le second était dans son lit, le troisième en voyage ; et quant au quatrième, l'ex-colonel Gasparin (1), il avait jugé bon de se faire remplacer par Robespierre. » — Chacun sait que Robespierre fut toujours complètement étranger aux choses de la guerre.

Il fallait au Comité de salut public un soldat. — Ce fut l'homme le plus timide du Comité, Barère (2), qui eut l'intelligence du péril et l'audace de le braver. Il mit en avant le nom de Carnot. Barère savait les menaces des émigrés, les progrès des armées alliées. Entre la potence royaliste et les attaques d'Hébert, Barère n'hésita pas. Le 9 août, le Comité de salut public se constituait en gouvernement. Le 11 août, il prenait la haute main sur la guerre, il envoyait Carnot avec pleins pouvoirs pour diriger l'armée du Nord. Le 14 août, Carnot devenait membre du Comité. Un de ses collègues de l'arme du génie, Prieur, de la Côte-d'Or (3), lui était adjoint ; puis, peu après, Robert Lin-

---

(1) GASPARIN. — Thomas-Augustin de Gasparin, né à Orange en 1750, d'une famille protestante alliée à celle d'Olivier de Serres ; député de Marseille à la Convention ; commissaire au siège de Toulon ; mort d'épuisement le 11 novembre 1793.

(2) BARÈRE. — Bertrand Barère de Vieuzac, né à Tarbes le 10 septembre 1755 ; député à la Constituante et à la Convention ; membre du Comité de salut public ; rejeté en sous-ordre après le 18 brumaire ; élu à la Chambre des représentants en 1815 ; élu député en 1832 ; conseiller général des Hautes-Pyrénées, démissionnaire en 1840, il mourut à Tarbes l'année suivante. Ses mémoires ont été arrangés et publiés par M. Hipp. Carnot.

(3) PRIEUR. — Claude-Antoine Prieur-Duvernois dit Prieur de la Côte-d'Or, né à Auxerre le 2 décembre 1763, mort à Dijon le 11 avril 1834. Capitaine du génie en 1789, il fut député à la Législative et à la Convention, puis au

det (1). Carnot se chargea des opérations, Prieur des armements, Robert Lindet des subsistances; et ainsi se constitua le triumvirat qui allait sauver la France.

BARÈRE.

Conseil des cinq cents. Colonel du génie au 18 brumaire, il prit sa retraite et dès lors il ne voulut reprendre aucune fonction active.

(1) ROBERT LINDET. — Jean-Baptiste-Robert Lindet, né à Bernay en 1743, mort à Paris en 1825, député à la Législative et à la Convention, ministre des finances au 10 prairial (1795), refusa tout emploi à partir du 18 brumaire et mourut dans la retraite.

CHAPITRE TROISIÈME

LA JEUNESSE DE CARNOT (1753-1791)

Quel était l'homme dont le nom venait de s'imposer au Comité? Quel était l'homme dont le génie allait subitement se révéler?

Un simple capitaine dans l'arme du génie.

Lazare-Marguerite Carnot était né dans la petite ville de Nolay, aujourd'hui comprise dans le département de la Côte-d'Or. Son père, Claude Carnot, était à la fois notaire, juge, avocat. Infatigable marcheur, d'une activité à toute épreuve, son petit-fils (1) nous le montre, dans les curieux Mémoires qu'il a écrits sur le grand Carnot, levé avant l'aube, parcourant tout le pays pour remplir les devoirs de sa charge et soutenir les dépenses d'une maison pleine d'enfants; il en eut jusqu'à dix-huit. On voit encore sur la

(1) Ch.-Hippolyte Carnot, second fils du Conventionnel, né à Saint-Omer le 6 avril 1801. Il accompagna son père dans l'exil. Il prit une part active à la Révolution de 1830, siégea à la Chambre des députés, devint en 1848 ministre de l'Instruction publique sous le gouvernement provisoire. Cet illustre citoyen est aujourd'hui sénateur et membre de l'Institut.

place de Nolay sa maison d'habitation. Elle est précédée d'une terrasse disposée en parterre de fleurs et entourée d'un mur d'appui. Côte à côte s'élève une autre maison de moindre apparence avec un balcon de fer. La première des deux maisons était celle de Claude Carnot; l'autre appartenait à la famille de Marguerite Pothier, dont un oncle avait été premier échevin de Nolay. Marguerite Pothier épousa son voisin le notaire, et pour réunir les deux familles on ouvrit une porte dans le mur mitoyen.

C'est dans cette maison que naquit Carnot, le dimanche 13 mai 1753.

Il était le second de quatre frères qui, tous quatre, dans des conditions diverses, ont servi également la France. L'aîné, Joseph-François Carnot, fut d'abord avocat au parlement de Dijon; après la réorganisation de 1790, il entra dans la magistrature et remplit les fonctions du ministère public. En 1801, il fut appelé à la Cour de cassation, où il siégea jusqu'à sa mort en 1835; il a laissé sur la jurisprudence des ouvrages qui méritent encore d'être consultés. Le troisième suivit également la carrière de la magistrature et mourut en 1808 procureur général au tribunal criminel de la Côte-d'Or. Le quatrième, Carnot-Feulins, entra dans l'arme du génie. Il était capitaine quand la Révolution éclata. En 1790, il fut nommé administrateur du département du Pas-de-Calais; l'année suivante, il présidait l'assemblée électorale et il fut élu avec son frère Lazare-Marguerite député à la Légis-

MAISON DE CARNOT A NOLAY.

lative. Nous le voyons plus tard prendre une part brillante à la bataille de Wattignies. Retiré en Bourgogne à la suite du 18 fructidor, il ne revint à Paris qu'après la journée de brumaire, et il seconda son frère au ministère de la guerre. En 1802, le premier consul voulut l'envoyer, avec le grade de général de brigade, à Saint-Domingue, pour y commander l'arme du génie dans le corps expéditionnaire du général Leclerc. Une violente attaque de goutte l'empêcha de partir; Bonaparte lui témoigna son mécontentement dans des termes qu'il jugea offensants; il donna sa démission, et ne rentra plus au service. Pendant les Cent Jours, il fut appelé à la Chambre des représentants par le département de Saône-et-Loire. Quand son frère fut désigné pour faire partie du gouvernement provisoire, il le remplaça au ministère de l'Intérieur. La seconde Restauration le rendit à la vie privée; il se retira avec le grade de lieutenant général, et mourut à Autun en 1836.

Telle était la famille. Revenons maintenant à Lazare-Marguerite Carnot. Ses premières études se firent dans la maison paternelle. A quinze ans, sa philosophie terminée, il partit pour Paris et entra à l'école de Longpré, l'une des deux écoles libres qui tenaient la place occupée aujourd'hui par l'École polytechnique et préparaient des officiers pour les armes savantes.

A l'école de Longpré, Carnot eut l'heureuse fortune de rencontrer un maître illustre : c'était le plus grand géomètre de ce temps, d'Alembert (1) : une des plus charmantes pages des Mémoires sur Carnot nous montre le vieillard arrivant à l'école, appuyé sur sa haute canne à pomme d'or, et se plaisant à s'asseoir familièrement au milieu des élèves et à les interroger sur leurs études et sur leurs progrès. D'Alembert distingua Carnot.

Deux ans plus tard, Carnot passait ses examens devant l'abbé Bossut (2) qui ne put le trouver en défaut, et il entra comme lieutenant en second à l'école de Mézières. Bien qu'il ne fût pas noble, une tolérance assez commune à cette époque admettait au grade d'officier les jeunes gens dont les familles étaient considérées comme vivant noblement, c'est-à-dire en dehors du travail matériel. L'expression était bizarre, mais c'est celle du temps.

Carnot rencontra à Mézières un autre maître illustre, Monge (3), qui y était simple répétiteur, malgré son génie, parce qu'il n'était que le fils d'un artisan.

La vie du jeune Carnot fut alors la vie de garnison, à

(1) D'ALEMBERT. — Savant et littérateur, né à Paris le 16 novembre 1717, mort le 20 octobre 1783, il fut, avec Diderot, le principal auteur de l'Encyclopédie dont il a écrit le Discours préliminaire.

(2) BOSSUT. — Charles Bossut, géomètre, né à Tarare le 11 août 1730, élu à l'Académie des sciences en 1768 ; nommé par Turgot professeur d'hydrodynamique ; mort le 14 janvier 1814.

(3) MONGE. — Gaspard Monge, comte de Péluse, né à Beaune en 1746, mort à Paris le 28 juillet 1818. Il fut répétiteur à l'école de Mézières, ministre de la marine d'août 1792 à août 1793. L'un des fondateurs de l'École polytechnique, il suivit Bonaparte en Orient et prit une part active à la création de l'Institut d'Égypte. En 1815 son génie ne l'empêcha pas d'être rayé de la liste de l'Institut.

Calais, à Arras, à Béthune, à Saint-Omer. Mais pour lui cette vie de garnison était une vie d'étude et de travail. En 1784, il était capitaine et chevalier de Saint-Louis.

L'Académie de Dijon avait mis au concours l'éloge de

MONGE.

Vauban. Carnot concourut, et son travail fut couronné. Officier du génie lui-même, il était plus apte que personne à comprendre, à exposer, à juger les travaux du grand ingénieur : « Né pour exercer un art destructeur, dit-il, le plus grand soin de Vauban fut toujours la conservation des hommes. Toutes ses idées, toutes ses maximes étaient pour ainsi dire imprégnées de cet esprit de bonté qui faisait son caractère. Il ne cessait de recommander la modération ; il ne pouvait supporter qu'on détruisît les édifices et qu'on tirât sur les maisons des villes assiégées ; il parlait avec complaisance des places d'armes qu'il avait imaginées, parce qu'elles contribuent plus que toute autre chose à épargner les troupes, en les dérobant à la vue de l'ennemi. » Et ailleurs : « Aux yeux du militaire philosophe et citoyen, son état n'est pas celui de la licence et des passions ; c'est celui de la peine, des sacrifices, de la privation, de l'austérité. »

Mais ce qui donnait à son ouvrage un caractère inattendu, c'est qu'à travers l'homme de guerre il avait aperçu et étudié le publiciste, il avait su rendre à la *Dîme royale* une justice qu'on lui a trop souvent refusée. Les hardiesses de cette seconde partie du Mémoire n'empêchèrent ni l'Académie de le couronner, ni Buffon qui présidait d'en faire hautement l'éloge. Le prince Henri, frère du roi de Prusse, assistait à la séance; il reconnut le mérite de l'auteur, et il s'efforça de l'entraîner au service de la Prusse. Carnot aimait trop sa patrie pour se laisser séduire.

Une phrase mal comprise de l'éloge de Vauban avait blessé le marquis de Montalembert (1), qui, bien que général d'infanterie, venait de publier un *Traité sur l'art des fortifications*. M. de Montalembert répondit assez grossièrement. Carnot se défendit avec une modération, une convenance, une politesse, telles que M. de Montalembert répara ses excès de plume par une rétractation spontanée.

Dix ans plus tard Carnot était au Comité de salut public. M. de Montalembert était menacé d'être rayé des cadres en vertu du décret de la Convention qui frappait d'incapacité les ci-devant nobles. Carnot le fit appeler : — ordre était donné au citoyen Marc-René Montalembert de continuer ses travaux; et rayé comme ci-devant marquis, M. de Montalembert garda son grade et son rang.

(1) MONTALEMBERT. — Marc-René, marquis de Montalembert, né à Pontarlier (Doubs) le 16 juillet 1714; général d'infanterie; célèbre par ses travaux sur l'art des fortifications ; mort à Paris le 29 mars 1800.

Disons de suite que Carnot agit de même pour l'illustre
ingénieur d'Arçon (1) qui, exclu à titre de noble, fut
replacé par Carnot sous son nom patronymique et devint
le citoyen Michaud.

INFANTERIE FRANÇAISE EN 1793.

Une digression à ce sujet. On a dit trop souvent que les
armées de la République n'avaient à leur tête que des

(1) D'ARÇON. — Jean-Claude-Éléonore Michaud d'Arçon, né à Pontarlier
en 1733, mort à Paris le 1ᵉʳ juillet 1800. Ingénieur, se distingua à l'attaque
de Gibraltar et à la prise de Breda.

3

saveliers ou des courtauds de boutique. C'était le mot favori des émigrés. Rappelez donc à ceux qui tiendraient ce langage que le citoyen Dampierre, que Carnot appela à l'armée du Nord, était M. le marquis de Dampierre; et que le citoyen Canclaux, le glorieux général de Nantes, l'intime ami de Carnot et son voisin de campagne à la Ferté-Alais, était M. le comte de Canclaux.

Je ne parlerai pas des essais littéraires de Carnot dans cette période de sa vie. Disons cependant qu'il fut, à l'Académie d'Arras, le collègue et le rival poétique de Robespierre.

A Béthune, il eut une aventure. Il avait quitté son poste sans permission pour se battre en duel. Il fut enfermé dans la prison militaire de la ville. Mais le prince Henri de Prusse étant venu visiter les places de la frontière du Nord fortifiées par Vauban, on ne trouva pas de meilleur guide à lui donner que le capitaine Carnot. Carnot sortit donc de sa prison, et il faut ajouter que la ville illumina.

En 1791, Carnot se maria avec la fille d'un administrateur militaire de Saint-Omer.

L'histoire de ce mariage est toute gracieuse. Carnot-Feulins ou le jeuné, devenu, comme son frère, capitaine du génie, venait de se marier à Saint-Omer, lorsque Carnot l'aîné fit une chute assez grave et se blessa à la jambe. Feulins fit transporter son frère dans la maison de son beau-père où il habitait lui-même. La sœur aînée de sa jeune femme s'assit au chevet du malade; tantôt elle chantait au piano

pour le distraire, pendant qu'il écrivait des couplets (car
il était poète à ses heures); tantôt elle s'efforçait de tenir
tête, dans le savant jeu de tric-trac, au futur organisateur
de la victoire. Tout alla si bien que la santé se hâta de
revenir et l'amour vint avec la santé. Le mariage suivit
de près la guérison.

PORTRAIT DE CARNOT
D'après une gravure au physionotrace, communiquée par M. H. Carnot.

CHAPITRE IV

Carnot partageait son temps entre les affections de famille et le travail. Il publia en effet divers ouvrages sur les sciences, la *Géométrie de position*, les *Réflexions sur la métaphysique du calcul infinitésimal*, l'*Essai sur les machines*. Ce dernier traité contient un théorème qui est resté dans la science sous le nom de l'auteur, théorème sur la perte des forces, au sujet duquel François Arago s'exprime en ces termes dans sa biographie de Carnot : « Ce précieux théorème est aujourd'hui connu de tous les ingénieurs; il les guide dans la pratique, il les garantit des fautes grossières que commettaient leurs devanciers. » Puis après avoir cité Newton, Euler, Pascal, Laplace, Arago ajoute : « Voilà les illustres personnages à côté desquels Carnot est allé se placer par la découverte de son beau théorème. ».

Pendant qu'il se livrait à ces sévères études, le grand mouvement d'idées qui agitait la France depuis un demi-siècle arrivait à son terme : la Révolution éclatait. Carnot n'y prit pas d'abord une part active; il resta ce qu'il était, officier du génie. Mais un homme d'une intelligence aussi étendue et d'un patriotisme aussi ardent ne pouvait demeurer étranger à l'immense mouvement d'idées qui se produisit alors, ni voir avec indifférence les grands travaux par lesquels l'Assemblée nationale posait les bases du droit politique moderne et renouvelait la face de la France. Il adressa à la Constituante plusieurs Mémoires, dont l'un avait pour objet le rétablissement des finances.

Les élections de 1791 l'appelèrent à la vie politique. Il fut nommé, avec son frère, député du Pas-de-Calais à la Législative. Là il se tint d'abord sur la réserve. Nous ne le rencontrons dans aucun des lieux où s'agitent les questions du jour et où se prépare la renommée, ni aux Jacobins, où il mit une fois le pied et ne reparut plus, ni dans le salon de Condorcet, ce premier foyer de la République, ni plus tard chez Madame Roland. Il cherchait le devoir et se concentrait dans le travail. Il garda toujours son attitude simple et modeste; et longtemps après, les maréchaux de l'empire, les sabreurs empanachés de l'épopée impériale, regardaient avec étonnement les bas bleus, la bourgeoise culotte courte, de celui qui avait créé et dirigé les quatorze armées de la République.

A la Législative Carnot fit partie successivement du Comité diplomatique, du Comité d'instruction publique, et enfin du Comité militaire. Il se fit remarquer dans tous les trois, surtout dans le dernier, où ses connaissances spéciales le mettaient à même de rendre les plus utiles services.

Carnot débuta cependant par un échec. Il s'agissait de

CAVALERIE FRANÇAISE EN 1793.

réparations à faire à la citadelle de Perpignan. Carnot monta à la tribune et demanda la démolition de la citadelle; il allait plus loin et proposait de détruire toutes les citadelles, qui, disait-il, sont faites pour contenir les villes beaucoup plus que pour les défendre. L'Assemblée crut qu'il s'agissait de ruiner les places fortes, et le tumulte fut tel que l'orateur ne put terminer son discours. Carnot ne s'attaquait pas aux places de guerre : son principal ouvrage au point de vue stratégique, c'est précisément le traité de la *Défense des places fortes*, qu'il publia en 1809 : et il prouvera par lui-même en 1814, à Anvers, comment on peut les défendre.

Quelques mois plus tard Carnot reparut à la tribune pour flétrir la conduite des nobles qui désertaient la Patrie, soulevaient l'Europe contre nous et ouvraient à l'invasion la terre française, héroïquement défendue par des gens qui n'en possédaient point une parcelle et qui mouraient pour sauver son intégralité.

« La Constitution, dit-il, n'a pas exigé que vous ayez des preuves légales pour mettre un homme en état d'accusation ; si telle avait été sa pensée, elle aurait fait de vous un tribunal. Il suffit que vous ayez une conviction morale pour rendre un décret d'accusation. Or, qui de vous doute que les princes français qui se mettent à la tête de la révolte armée, ne soient coupables ? Quiconque abandonne la Mère-Patrie pour aller lui chercher des ennemis à l'étranger est un traître contre lequel on ne saurait trop sévir. »

Il proposait par suite la destitution des officiers nobles convaincus d'hostilité contre le nouveau régime et leur remplacement par des sous-officiers.

Cependant les circonstances se précipitaient. M. de Nar-

bonne (1) venait d'arriver au ministère, et il poursuivait
un double but, un but visible, rendre la royauté populaire

LAFAYETTE.

(1) NARBONNE. — Louis, comte de Narbonne-Lara, homme politique et général français, né à Orlorno (Italie), le 24 août 1754, mort a Torgau
(Allemagne), le 17 novembre 1813. Ministre de la guerre en décembre 1791
puis émigré, revint en France en 1800, et rentra au service en 1809. Ambassadeur à Vienne (1813), il y déjoua la duplicité de l'Autriche.

en déclarant la guerre à l'empereur qui soutenait les émigrés ; un autre but que l'on cachait soigneusement, restituer
à la royauté sa force par l'armée et se servir ensuite de
l'armée pour rétablir l'ancien régime. Mais la confiance
manquait, les officiers nobles étaient trop justement sus-
pects, les troupes étaient démoralisées. La campagne de
M. de Lafayette en Belgique n'aboutit qu'à un échec. Le 28
et le 29 avril 1792 les troupes du général Dillon (1) sur la
route de Tournai sont victimes d'une panique. La cavalerie
aristocratique de Dillon, reculant brusquement, passa sur
le corps de son infanterie en criant à tue-tête : « Sauve qui
peut ! » Les volontaires débandés prennent la fuite.

Puis, rendus furieux par leur propre épouvante, ils
massacrent le général Dillon et le colonel de Berthois.

L'Assemblée ordonna une enquête. Carnot en fut chargé.
Il la fit avec autant de tact que de patriotisme, et dans
son rapport il réclama un décret qui flétrît les assassins et
honorât la mémoire des victimes. Sur sa proposition une
pension fut accordée à la veuve de Dillon.

Carnot fut le principal auteur des décrets qui licenciè-
rent la garde du roi, créèrent deux nouvelles légions de
gendarmerie, et augmentèrent l'effectif de la garde nationale en y faisant entrer des citoyens armés de piques.
Cependant il ne présenta pas lui-même le rapport. Il venait

____

(1) DILLON. — Théobald, comte de Dillon, d'une famille irlandaise réfugiée
en France après la Révolution de 1688, — né à Dublin en 1745, assassiné
devant Lille le 29 août 1792.

d'être envoyé en mission au camp de Soissons, où un bruit
absurde avait soulevé une agitation dangereuse. Les soldats prétendaient qu'on avait voulu les empoisonner en
mêlant à leur pain du verre pilé. Les Jacobins avaient
exploité cette rumeur avec leur violence habituelle. Carnot
fit une enquête, et il n'eut pas de peine à établir que le
bruit ne reposait sur aucun fondement. Il ne s'était trouvé
de verre que dans un seul pain, et ce verre provenait d'un
carreau brisé par accident au magasin des farines.

Après la journée du 10 août, Carnot fut envoyé à l'armée
du Rhin avec Coustard (1) et Prieur de la Côte-d'Or
pour faire prêter le serment civique aux officiers et aux
soldats et exiger des autorités civiles leur adhésion au
nouvel ordre de choses ou leur démission immédiate. Les
commissaires furent accueillis avec enthousiasme à
l'armée. Peu d'officiers refusèrent le serment, entre autres
Victor de Broglie (2) et Caffarelli-Dufalga (3). Ils furent
suspendus ; et encore Caffarelli fut bientôt après rappelé

(1) COUSTARD. — Aimé-Pierre Coustard de Massy, né à Léogane (Saint-
Domingue) en 1741, député de la Loire-Inférieure à la Convention, exécuté
le 7 mai 1793, victime de Carrier.

(2) VICTOR DE BROGLIE. — Claude-Victor, prince de Broglie, fils de Victor-
François, duc de Broglie et maréchal de France — naquit à Paris en 1757 ;
fut député de Colmar aux États généraux ; suspendu de ses fonctions d'officier général après le 10 août, il se retira à Bourbonne. Il y fut arrêté, condamné à mort et exécuté le 27 juin 1794.

(3) CAFFARELLI DU FALGA. — Louis-Marie-Maximilien Caffarelli du Falga,
né au château du Falga le 13 février 1756, mort en Égypte le 27 avril 1799.
Soldat, ses talents lui valurent un rapide avancement. Il était avec Kléber
au passage du Rhin à Dusseldorf en 1795 puis avec Marceau sur la Nahe ;

par Carnot. Mais une partie du conseil municipal de Strasbourg paraissait hostile, on y avait proposé l'arrestation
des commissaires. Carnot réunit les autorités dans la
grande salle de l'hôtel de ville, destitua les opposants et
les fit remplacer.

il y fut atteint d'un boulet, et il fallut opérer l'amputation de la jambe gauche. Caffarelli continua de servir. Chef de l'arme du génie en Égypte, il
fut blessé au bras gauche devant Saint-Jean-d'Acre, et mourut après
dix-huit jours de souffrances. Son frère, Jacques-Marie-Auguste, comte
Caffarelli, général français, pair de France en 1831, est mort en 1849.

CHAPITRE V.

La Convention nationale était nommée. Carnot y siégea comme représentant du Pas-de-Calais, et il y persista dans son rôle : rendre des services, et prendre autant de soin de les cacher que d'autres d'en faire étalage. La Convention proclama la République le 21 septembre 1792. Carnot était de ceux qui devaient applaudir à ce changement devenu nécessaire. Il avait accepté la constitution monarchique de 1791, mais les événements lui avaient montré qu'elle était impraticable : la République était dans les idées avant d'être dans les faits.

Survient le procès de Louis XVI, puis le jugement. La Convention, menacée par l'Europe monarchique, allait lui jeter en défi une tête de roi. Carnot vota la mort; voici le texte même de son vote : « Dans mon opinion la justice veut que Louis meure, et la politique le veut également. Jamais, je l'avoue, devoir ne pesa davantage sur mon cœur que celui qui m'est imposé. »

Au déclin de sa vie, aux portes du tombeau, Carnot méditait sur cette sentence de mort qu'il avait rendue, et en pleine conscience il confirmait son jugement: « En tout pays, écrit-il, on condamne ceux qui conspirent contre l'État. Les souverains ne font-ils pas mettre à mort ceux qui conspirent contre eux? Le peuple, le vrai souverain, n'aurait-il pas le même droit? Le manifeste de Brunswick a été l'arrêt de Louis XVI... Louis XVI a commis le plus grand crime dont un roi puisse se rendre coupable, celui de livrer son pays à l'étranger. »

Pendant les débats mêmes du procès, Carnot avait rempli une nouvelle mission militaire aux Basses-Pyrénées avec Garrau (1) et Lamarque. Arrivés à Bayonne, les commissaires de la Convention reconnurent que tout était à créer. Tout manquait: artillerie et munitions, vivres et habillements. Quelques soldats abrités tant bien que mal dans des fortifications en ruines, gardaient seuls la frontière de la France. Le désordre était le même dans l'administration. Les commissaires portèrent la main partout, organisèrent la garde nationale, relevèrent les forteresses, créèrent une légion des montagnes, composée de miquelets, habiles à combattre dans les rochers et les ravins, restaurèrent les hôpitaux et les casernes, établirent une école d'artilleurs, étudièrent à fond l'état du pays, ses

(1) GARRAU. — Pierre-Anselme Garrau, député de la Gironde à la Convention, eut de nombreuses missions militaires aux armées.

ressources et ses besoins, son industrie et son agriculture.

Au milieu des préoccupations de la guerre, Carnot n'oubliait pas l'instruction du peuple. Voici un passage

ARMÉE DES ÉMIGRÉS.

de son rapport : « Citoyens, nous vous avons rarement écrit sans vous parler des besoins de l'instruction publique. Une génération nous suit, dont l'éducation est abandonnée depuis trois ans. Pour peu qu'on tarde encore, elle ne sera plus en état de jouir du bienfait de la liberté. Déjà de nouveaux préjugés semblent prendre la place de ceux qu'on a détruits.. L'éducation nationale peut seule inspirer l'amour ardent et éclairé de la Patrie, la piété filiale, le goût de la simplicité, le sentiment de la bienveillance et le respect pour les mœurs. »

Mais les difficultés augmentaient de jour en jour. C'était

UN COMMISSAIRE AUX ARMÉES.

au bruit du canon de Valmy que la République avait été proclamée. Dumouriez avait envahi la Belgique, il avait remporté la victoire de Jemmapes (6 novembre 1792), la Belgique était conquise. Malheureusement pour la mémoire de Dumouriez, il ne s'arrêta pas là, il rêvait de renverser la République au bénéfice de la branche cadette des Bourbons, et de placer la couronne sur la tête du duc de Chartres, qui servait alors dans son armée. Pour poursuivre l'exécution de ce plan, de nouvelles victoires étaient nécessaires: Dumouriez voulut entreprendre la conquête de la Hollande. Le mouvement en avant ne réussit pas, Dumouriez recula, fut battu à Neerwinden et évacua la Belgique pour se replier sur Condé. Il entra dès ce moment en relations secrètes avec le commandant en chef de l'armée autrichienne, le prince de Cobourg. Dumouriez trahissait.

Danton avait cru, au lendemain de Neerwinden, pouvoir encore ramener à la France l'infidèle général.

Il était venu au camp de Dumouriez avec Lacroix (1) : il

DUMOURIEZ.

n'avait pu rien obtenir. La Convention nationale cita

(1) Lacroix. — Jean-François de Lacroix, né à Pont-Audemer en 1754, député à la Législative et à la Convention, ami de Danton, dont il partagea le sort. Mort sur l'échafaud le 5 avril 1794.

Dumouriez à sa barre ; le ministre de la guerre, Beurnonville (1), fut chargé d'aller lui signifier le décret avec cinq commissaires de l'assemblée, Camus (2), Quinette (3), Lamarque, Bancal (4) et Carnot. Carnot, heureusement, dut s'arrêter à Arras par ordre de la Convention.

Le ministre et les quatre conventionnels joignaient Dumouriez le 1er avril 1793 au soir, à son quartier général de Saint-Amand.

A la signification de comparaître devant la Convention,

(1) BEURNONVILLE. — Pierre de Bruel, marquis de Beurnonville, né à Champignolle le 10 mai 1752. Il fit les campagnes des Indes avec Suffren. Aide de camp de Luckner, ministre de la guerre, sénateur de l'empire, il fut en 1814 membre du gouvernement provisoire. Louis XVIII le nomma ministre d'État, puis maréchal de France en 1816. Il mourut le 23 août 1821.

(2) CAMUS. — Armand-Gaston Camus, député aux États généraux et à la Convention, membre du Conseil des cinq-cents et de l'Institut, né à Paris le 2 avril 1741, y mourut le 2 novembre 1804. Il était avocat du clergé en 1789. Janséniste, il fut le principal auteur de la Constitution civile du clergé. Livré par Dumouriez, il fut mis en liberté au traité de Bâle. Conservateur des archives, il rendit de grands services en empêchant la dispersion des titres des corporations supprimées.

(3) QUINETTE. — Nicolas-Marie Quinette, baron de Rochemont, né à Soissons le 7 septembre 1762, mort à Bruxelles le 14 juin 1821 ; député à la Législative, à la Convention, aux Cinq-Cents. Préfet de la Somme et conseiller d'État sous l'Empire ; il fut en 1815 l'un des cinq membres du gouvernement provisoire. La deuxième Restauration le frappa de proscription.

(4) BANCAL. — Jean-Henri Bancal des Issarts, né à Saint-Martin de Londres le 3 novembre 1750, mort à Clermont en juin 1826. Il fut député du Puy-de-Dôme à la Convention, et partagea la captivité de Camus. Appelé aux Cinq-Cents, il sortit au renouvellement de l'an V et acheva sa vie dans la retraite.

Dumouriez répondit que, dans l'état actuel des choses, il ne pouvait abandonner ses troupes.

Après une assez longue discussion, l'un des commissaires, Camus, énergique et austère janséniste, adressa une sommation formelle au général :

« Voulez-vous exécuter le décret de la Convention?

— Non !

— Aux termes du décret, nous allons mettre les scellés sur vos papiers. »

Les officiers qui entouraient Dumouriez murmurèrent violemment et menacèrent les commissaires.

« Vos noms à tous ! leur cria l'intrépide Camus.

« Quant à vous, général, vous désobéissez à la loi ; nous vous déclarons suspendu de vos fonctions.

— Appelez les hussards ! » cria Dumouriez.

Une trentaine de hussards entrèrent. C'étaient des hommes d'un régiment étranger. Dumouriez n'avait pas osé demander à des soldats français de porter la main sur les représentants du peuple.

Dumouriez fit arrêter le ministre de la guerre et les quatre conventionnels. Le ministre reçut des coups de sabre en se défendant. Le lendemain Dumouriez les livra tous cinq comme otages aux Autrichiens, en mandant au prince de Cobourg qu'il allait marcher sur Paris et qu'il comptait, au besoin, sur le secours des troupes autrichiennes.

Carnot était en route pour rejoindre ses collègues lorsqu'il apprit leur arrestation. Ce n'était que le début de la trahison de Dumouriez : il fallait maintenant que le traître entrainât ses troupes et livrât Condé aux Autrichiens. Dumouriez vint au camp de Maulde ; mais il fut accueilli aux cris de : Trahison ! Carnot était arrivé à Valenciennes. Il fut énergiquement appuyé par les autorités du département du Nord. Il suspendit de ses fonctions Dumouriez comme rebelle, ordonna de le saisir mort ou vif, et transféra provisoirement le commandement en chef au général Dampierre.

Le 3 avril, Carnot écrit à la Convention : « J'ai dû au détour que j'ai fait par vos ordres de ne pas subir le sort de mes collègues. J'avais prévu la trahison de Dumouriez. Il faut à présent un autre général, et je propose Dampierre. Sa tâche sera difficile, mais nous l'aiderons. »

La Convention ratifia la nomination de Dampierre.

Le 9 avril la Convention apprenait que l'ordre était rétabli : « Cette nouvelle trame, écrivait Carnot, n'aura servi qu'à l'humiliation des traîtres. »

Mais l'armée du Nord était en pleine confusion. Carnot rétablit la discipline et, pour relever le moral des soldats, il résolut de les conduire à l'attaque de la petite place de Furnes, sur le bord de la mer. Le 31 mai, Furnes était attaqué et, après deux heures d'un feu très vif, Carnot se mettait à la tête des colonnes avec son frère Carnot-Feulins, et la place était emportée. Malheureusement le général

Custine ne seconda pas Carnot, et Valenciennes ne put être sauvée. Carnot n'avait pu que créer deux camps, l'un à Gywelde pour couvrir Dunkerque, et l'autre au mont

CAMUS SOMMANT DUMOURIEZ DE SE RENDRE.

Cassel pour garantir les communications entre Dunkerque et Lille.

Cette mission si pénible fut heureuse pour Carnot : il n'était pas à Paris lorsque le 31 mai abattit la Gironde. Carnot protesta énergiquement contre les journées du

31 mai et du 2 juin, et, bravant la haine de Robespierre, il maintint fermement sa protestation.

L'heure avait sonné pour Carnot. Le 11 août, il revient avec pleins pouvoirs à l'armée du Nord. Il va donner des ordres et non plus des conseils, et la France sera sauvée.

CHAPITRE VI

Après la journée du 10 août 1792, Danton avait été le libérateur de la France, et une année plus tard il pouvait dire à la tribune de la Convention nationale : « Ce n'est pas être homme public que de craindre la calomnie. Lorsque l'année dernière, dans le Conseil exécutif, je pris seul sous ma responsabilité les mesures nécessaires pour donner la grande impulsion, pour faire marcher la nation sur les frontières, je me dis : Qu'on me calomnie, je le prévois, il ne m'importe ; dût mon nom être flétri, je sauverai la liberté ! »

Les volontaires de 1792 avaient donné à la France Valmy et Jemmapes. Mais l'effort était épuisé. La levée de trois cent mille hommes n'avait presque rien fourni, grâce surtout à l'incurie du ministère de la guerre. D'autres moyens s'imposaient, Danton le comprit, et sous son inspiration la levée en masse fut votée. Interrompre tous les travaux, suspendre la vie sociale, c'étaient mesures graves, et l'esprit éminemment politique de Danton le comprenait. Mais, pour organiser le mouvement, il fallait être d'autant plus violent en paroles que Danton se réservait d'être plus modéré dans les actes. Le décret fut rendu en ces termes : « Tous les Français sont en réquisition permanente... Les jeunes gens iront au combat; les hommes mariés forgeront des armes et transporteront des subsistances; les femmes feront des tentes, des habits, et serviront les hôpitaux; les enfants feront de la charpie ; les vieillards, sur les places, animeront les guerriers, enseignant la haine des rois et l'unité de la République. »

C'était la grande idée, pour frapper vivement les imaginations. L'article suivant ramenait la mesure à ses proportions applicables : « Les citoyens non mariés, de dix-huit à vingt-cinq ans, marcheront les premiers. »

Comment exécuter le décret? Danton trouva le moyen. Il y avait alors à Paris des délégués de tous les départements, des fédérés, qui étaient venus pour assister à l'anniversaire du 10 août. Ils étaient animés du plus patriotique enthousiasme. C'est à eux que Danton fait remettre la mission d'opérer la réquisition.

« Il faut, dit-il, qu'au nom de la Convention nationale, qui a la foudre populaire entre ses mains, il faut que les envoyés des assemblées primaires, là où l'enthousiasme ne produira pas ce qu'on a droit d'en attendre, fassent des réquisitions à la première classe. En réunissant la chaleur de l'apostolat de la liberté à la rigueur de la loi, nous obtiendrons pour résultat une grande masse de forces. Je

demande que la Convention donne des pouvoirs plus posi-
tifs et plus étendus aux commissaires des assemblées primaires, et qu'ils puissent faire marcher la première classe
en réquisition. Je demande qu'il soit nommé des commis-

saires pris dans le
sein de la Conven-
tion pour se con-
certer avec les dé-
légués des assem-
blées primaires,
afin d'armer cette
force nationale, de
pourvoir à sa sub-
sistance et de la
diriger vers un
même but. Les ty-
rans, en appre-
nant ce mouve-
ment sublime, se-
ront saisis d'effroi,

DAMPIERRE.

et la terreur que répandra la marche de cette grande
masse nous en fera justice. »

Il y eut là une force immense, cette force qui, organisée,
dirigée par Carnot, forma les quatorze armées de la République et fournit à la France le moyen de soutenir la lutte
à la fois contre la rébellion de l'intérieur et contre la
coalition monarchique.

Mais cette force ne pouvait pas être disponible du jour
au lendemain. Il fallait du temps pour la créer, du temps
pour l'armer, du temps pour la discipliner et l'instruire.
Or le temps manquait. « Que faire? » demandait Barère à
Carnot, et Carnot répondit : « Prendre sur le Rhin de quoi
fortifier l'armée du Nord et y frapper un grand coup. »

La mesure paraissait hasardeuse, l'ennemi prenait l'offensive. Carnot cependant n'hésita pas. Son génie avait
percé les desseins secrets de la coalition. Quand l'Europe
monarchique avait pris les armes sous le prétexte de défendre ou de venger Louis XVI, ce n'était pas son véritable
but. Ce qu'elle voulait, c'était se partager les lambeaux de
la France, c'était faire de la France une seconde Pologne.
A cette heure-là même la Pologne expirait, la Russie prenait
la part la plus large, la Prusse n'avait rien. Carnot pres-
sentit que la Prusse ne marcherait guère, elle regardait
sur la Vistule plus que sur le Rhin. Quant aux autres puissances, ce qu'elles voulaient avant tout, c'était s'assurer
une proie. L'Angleterre convoitait Dunkerque; l'Autriche
visait à la fois l'Alsace et les places du Nord.

Cependant il y avait un péril à craindre : pendant qu'une
des deux armées alliées s'asseoirait fortement sur la
Sambre et sur la Basse-Meuse, la seconde pourrait pénétrer dans la Lorraine; puis, toutes deux se rapprochant
convergeraient sur Paris. Donc il fallait à tout prix arrêter
l'ennemi sur un point. De là cette résolution de Carnot
d'affaiblir de trente-cinq mille hommes nos armées du

Rhin et de la Moselle déjà exténuées, et de porter ces trente-cinq mille hommes à l'armée du Nord. Carnot était convaincu que la Prusse et l'Autriche n'avanceraient pas immédiatement sur le Rhin et qu'il pourrait, suivant sa propre expression, frapper au Nord un grand coup.

HOUCHARD.

L'armée du Nord avait déjà changé de général, Dampierre était mort.

Audacieux jusqu'à la témérité, le marquis de Dampierre avait à Jemmapes, avec le régiment de Flandre et le premier régiment des volontaires de Paris, enlevé le succès qui décida la victoire. Général en chef, il s'était vu, devant Valenciennes, avec trente mille hommes, en face de 60,000 Autrichiens, harcelé d'ailleurs par les commissaires de la Convention, qui, pour la plupart étrangers à l'art de la guerre, ne connaissaient pas de difficulté et voulaient appliquer partout à la lettre le mot de Danton : — « De l'audace ! de l'audace ! » Dampierre risqua sa vie. Le 9 mai, il lançait ses colonnes contre le formidable camp retranché des Autrichiens; toute la journée il réitéra ses efforts, efforts inutiles : une batterie le foudroya; il eut la cuisse emportée et mourut le lendemain (9 mai 1793).

Sa mort était-elle inutile? Nullement. Son audace avait rendu à l'armée la confiance en elle-même.

Houchard (1) avait remplacé Dampierre. — Brave soldat, bon divisionnaire, il n'avait pas l'ampleur de vues d'un général en chef. — Ses lenteurs devaient le perdre. Il ne fera qu'un pas du champ de bataille à l'échafaud.

Cependant Carnot était arrivé. L'état dans lequel il trouvait l'armée était peu rassurant. Les ressources matérielles manquaient, mais ce qui manquait plus encore, c'était l'unité de direction et de commandement. Le ministère de la guerre lançait sur les armées toute une nuée d'agents secondaires qui paralysaient l'action des généraux et des représentants du peuple. Carnot avait heureusement obtenu de la Convention un décret qui interdisait aux ministres l'envoi de ces agents.

Quant aux officiers, il y avait là des hommes qui, à divers degrés, devaient se faire un nom, mais qui étaient encore en sous-ordre : Hoche à Dunkerque, Vandamme et Leclerc dans l'armée d'Houchard, ceux-là mêmes à qui Carnot écrivait le 20 : « L'affaire est secondaire sous le

(1) HOUCHARD. — Jean-Nicolas Houchard, né à Colmar en 1740, mort sur l'échafaud le 17 novembre 1793. Lieutenant-colonel de dragons en 1789, général en chef de l'armée du Nord en 1793.

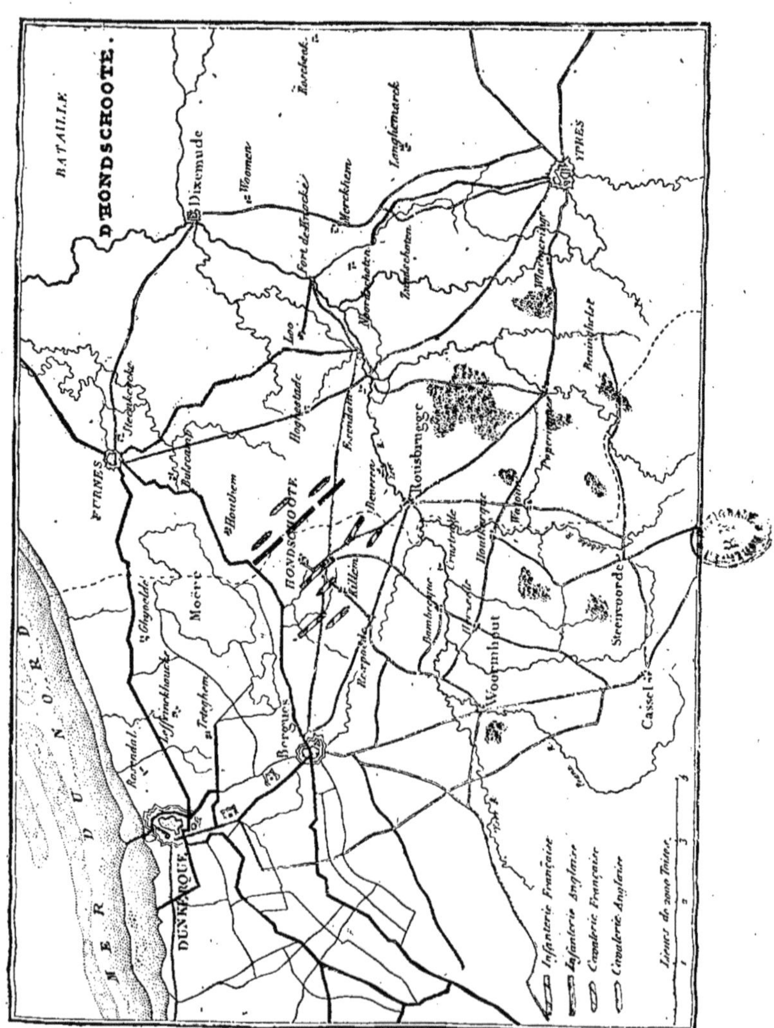

PLAN DE LA BATAILLE DE HONDSCHOOTE

rapport militaire, mais Pitt a besoin de Dunkerque devant l'Angleterre. Là est l'honneur de la France. »

Cela fut compris. Carnot prit ses mesures pour la défense de Dunkerque avec bien plus de célérité que les Anglais ne le firent pour l'attaque. Il fit renforcer à temps la garnison qui n'était pas investie. Le duc d'York attendait une flottille de bombardement préparée dans la Tamise. Elle ne parut pas et à sa place arriva une flottille de canonnières françaises qui battit en flanc le camp ennemi, établi entre les dunes de la mer et le marais de la grande Moëre.

Le duc d'York était arrivé devant Dunkerque avec vingt et un mille Anglais et Hanovriens et douze mille Autrichiens. Le maréchal Freytag était à Ort-Capelle avec seize mille hommes, le prince d'Orange à Menin avec quinze mille Hollandais.

Le duc d'York s'était établi sur la langue de terre qui seule fait communiquer Furnes et Dunkerque. Il s'agissait de le prendre entre Dunkerque, les marais et la mer. Mais, pour fermer toute issue à l'assiégeant, il fallait occuper Furnes. C'était le fond du filet où l'on voulait prendre l'armée anglaise. Aussi Carnot avait-il pressé Houchard de gagner l'ennemi de vitesse et d'occuper avant lui le passage. La garnison de Dunkerque, sentant le secours proche, multipliait les sorties, de manière à paralyser le duc d'York.

Les assiégeants ne pouvaient pas ouvrir facilement la tranchée dans un terrain sablonneux au fond duquel on trouvait l'eau en creusant seulement à trois pieds.

Houchard quitta le camp de Gywelde avec douze mille hommes qui étaient arrivés du Rhin et tout ce qu'il put ramasser de troupes autour de lui. Il débuta par une démonstration sur Menin, qui n'aboutit qu'à un combat sanglant et inutile. Puis il se porta contre le corps du maréchal Freytag, et celui-ci fut obligé de repasser l'Yser. Un instant Freytag, qui a voulu reprendre l'offensive et se rétablir au village de Rexpoële, se trouve prisonnier des Français. Il est dégagé par un combat de nuit et il vient se masser au village de Hondschoote.

Les retranchements de Hondschoote étaient formidables; des haies, des taillis, des batteries savamment disposées, défendaient le village. Le 8 septembre, l'armée française se portait sur toute la ligne pour attaquer de front, Hédouville (1) à la droite, Jourdan (2) au centre, la gauche échelonnée entre la position de Killem et le canal de Furnes. Jourdan enlève les positions du centre, la droite s'empare des retranchements qui lui étaient opposés, et l'ennemi se retire en toute hâte sur Furnes.

Pendant le combat la garnison de Dunkerque faisait, sous la conduite de Hoche, une sortie vigoureuse, et

(1) HÉDOUVILLE. — Gabriel-Théodore-Joseph, comte d'Hédouville, né à Laon le 27 juillet 1755, mort au château de Lafontaine, près Arpajon, le 30 mars 1825. Il appartenait à une vieille famille militaire, et servit avec distinction au Nord et en Vendée.

(2) JOURDAN. — Joseph Jourdan, maréchal de France, né à Limoges le 29 avril 1762, mort gouverneur des Invalides le 23 novembre 1833. (On verra plus loin ses services.)

BATAILLE DE HONDSCHOOTE.

5

mettait les assiégeants dans le plus grand péril. Le lendemain du combat, ceux-ci tinrent un conseil de guerre ; se sentant menacés sur leurs derrières, et ne voyant pas arriver les armements maritimes qui devaient servir à bombarder la place, ils résolurent de lever le siège, et de se retirer sur Furnes, où venait d'arriver Freytag. Ils y furent tous réunis le 9 septembre au soir.

La bataille de Hondschoote avait sauvé Dunkerque. La victoire n'était pas complète puisqu'on n'avait pas occupé Furnes et que le duc d'York s'était échappé. Quand même, complète ou non, la victoire changeait tout ; le siège levé, cinquante canons abandonnés, la retraite d'une armée d'élite, la France que l'on croyait réduite à l'impuissance et qui se relevait tout à coup : ce fut un effet immense sur l'opinion de l'Europe.

Carnot, à qui l'Anglais échappait, n'avait pas perdu tout espoir de tirer de la victoire d'Hondschoote quelque autre profit. Il écrivit à Houchard : « Nous avons reçu avec la plus vive satisfaction les nouvelles de vos brillants succès ; nous ne pouvons cependant nous empêcher de regretter infiniment que le grand projet qui avait été formé d'abord pour envelopper entièrement l'armée anglaise et l'écraser en marchant directement sur Furnes, Ostende et Nieuport, n'ait pas eu lieu. Quoi qu'il en soit, profitez du moment d'enthousiasme et hâtez-vous de faire lever le siège du Quesnoy... Tombez en masse sur les ennemis... Profitez de l'énergie française. »

Houchard n'était pas capable d'une action aussi rapide. Il se contenta de ravitailler Dunkerque et se jeta sur les Hollandais, estimant avec quelque raison qu'il ne pouvait pas, à forces égales, espérer la victoire sur les troupes mieux aguerries de Freytag et du duc d'York réunis à Furnes. Il attaqua le prince d'Orange par la route d'Ypres, et le 13 septembre il le força d'évacuer Menin. Le prince d'Orange avait résisté opiniâtrément; il comptait sur les renforts que devait lui envoyer le prince de Cobourg. Celui-ci s'était emparé du Quesnoy et dirigeait Beaulieu vers l'armée hollandaise.

Houchard sortit de Menin et marcha sur Courtray. A Bisseghem il rencontra Beaulieu. Le combat s'engagea avec avantage de notre côté; mais tout à coup l'apparition d'un corps de cavalerie sur les ailes produit une panique; tout s'ébranle et fuit jusqu'à Menin. Là cette inconcevable déroute ne s'arrête pas; la terreur se communique à tous les camps, à tous les postes, et l'armée en masse vient chercher un refuge sous le canon de Lille.

L'opinion se déchaîna contre le malheureux général. Il fut destitué. Mais on ne se borna pas là: Houchard fut traduit devant le tribunal révolutionnaire. Carnot essaya en vain de le sauver; il ne put que plus tard obtenir que sa mémoire fût réhabilitée, et faire accorder à sa veuve une pension.

CHAPITRE VII

Carnot avait tracé le plan de la campagne de Hondschoote, et il n'avait pas tenu à lui que les résultats en fussent plus complets. Cette fois il va agir lui-même, diriger
les troupes et remporter la victoire. Cette victoire, il la
conçut, il la calcula, et suivant l'expression de Michelet, il
la fit lui-même de sa main.

Tout d'abord il improvisa un général, Jourdan, et son
coup d'œil ne l'avait pas trompé.

Jourdan était le fils d'un chirurgien de Limoges. Il avait
débuté dans le commerce chez un de ses oncles à Lyon;
puis, peu satisfait de la situation qu'il occupait, il s'était
engagé et il avait fait cinq campagnes en Amérique. Revenu
en France pour cause de santé, il quitta l'habit militaire,
et se fixa à Limoges, il y entra comme commis chez un
commerçant dont il épousa la fille, et il ouvrit un magasin
de mercerie. La révolution le surprit dans ces paisibles
occupations. Lieutenant dans la garde nationale, il fut

nommé, en 1791, commandant du deuxième bataillon des volontaires de la Haute-Vienne. C'est en cette qualité qu'il arriva, en 1792, à l'armée du Nord. Nous l'avons vu à Hondschoote commandant comme général de division le centre de l'armée. Il y fut blessé d'un éclat de boulet au moment où, maître des bois qui couvraient la position des Anglais, il débouchait sur leur principale batterie.

A peine guéri de sa blessure, le 22 septembre 1793, il était appelé par Carnot au commandement en chef des armées du Nord et des Ardennes.

Quelle tâche lui était imposée? C'était de sauver Maubeuge et de dégager ce côté de la frontière. Le prince de Cobourg voulait prendre Maubeuge pour s'assurer une position sur la Sambre; Carnot estimait que Maubeuge était assez important pour que l'on risquât une bataille.

Les coalisés s'étaient réunis entre l'Escaut et la Meuse et formaient là une masse redoutable. Maîtres de Condé et de Valenciennes, ils commandaient la ligne de l'Escaut. Le Quesnoy dont ils venaient de s'emparer, aux abords de la forêt de Mormal, leur assurait un point d'appui entre l'Escaut et la Sambre. Si Maubeuge tombait entre leurs mains, ils se trouvaient à peu près maîtres de l'espace compris entre la Sambre et la Meuse, et les deux places de Valenciennes et de Maubeuge leur garantissaient une base d'opération. Le prince de Cobourg était donc venu investir Maubeuge.

Comme Lille et Valenciennes, la place était soutenue

JOURDAN.

par un camp retranché placé sur la rive droite de lu Sambre.
Deux divisions, sous les ordres des généraux Desjardins et
Meyer, gardaient le cours de la Sambre au-dessus et
au-dessous de Maubeuge.

OFFICIER DE L'ARMÉE HONGROISE.

L'ennemi, au lieu de refouler Desjardins sur Maubeuge
et de rejeter Meyer en arrière sur Charleroi, laissa les
deux divisions se rallier dans le camp retranché de Maubeuge; elles formaient ainsi un corps de vingt mille
hommes, qui pouvait sortir du rôle de simple garnison. Il

est vrai que la difficulté de nourrir ce nombreux rassemblement était un inconvénient des plus graves pour Maubeuge.

Le prince de Cobourg plaça les Hollandais, au nombre de douze mille, sur la rive gauche de la Sambre, et s'attacha à faire incendier les magasins de Maubeuge, pour augmenter la disette. Il porta le général Colloredo sur la rive droite, et le chargea d'investir le camp retranché. En avant de Colloredo, Clerfayt, avec trois divisions, forma le corps d'observation, et dut s'opposer à la marche de Jourdan. Les coalisés comptaient à peu près quatre-vingt-cinq mille hommes.

Cobourg laissait en résumé trente-cinq mille hommes autour de la place, tandis qu'il en postait en observation environ soixante mille à deux lieues de Maubeuge sur un enchaînement de collines et de villages boisés.

Soixante pièces de canon allaient battre les remparts de Maubeuge. Mais, ce qui était plus grave encore, la famine était imminente. La plaine était en feu, l'ennemi brûlait tout. Les pleurs des paysans réfugiés dans la ville, l'encombrement des malades, démoralisaient les soldats. Cobourg se croyait sûr de prendre Maubeuge par la faim, comme il se croyait sûr d'écraser, grâce à la force de ses positions, l'armée de Jourdan, si elle osait se risquer à la bataille. Tous les chemins étaient barrés par des abattis d'arbres; toutes les hauteurs étaient couronnées d'épaulements entre lesquels les canons montraient la gueule à

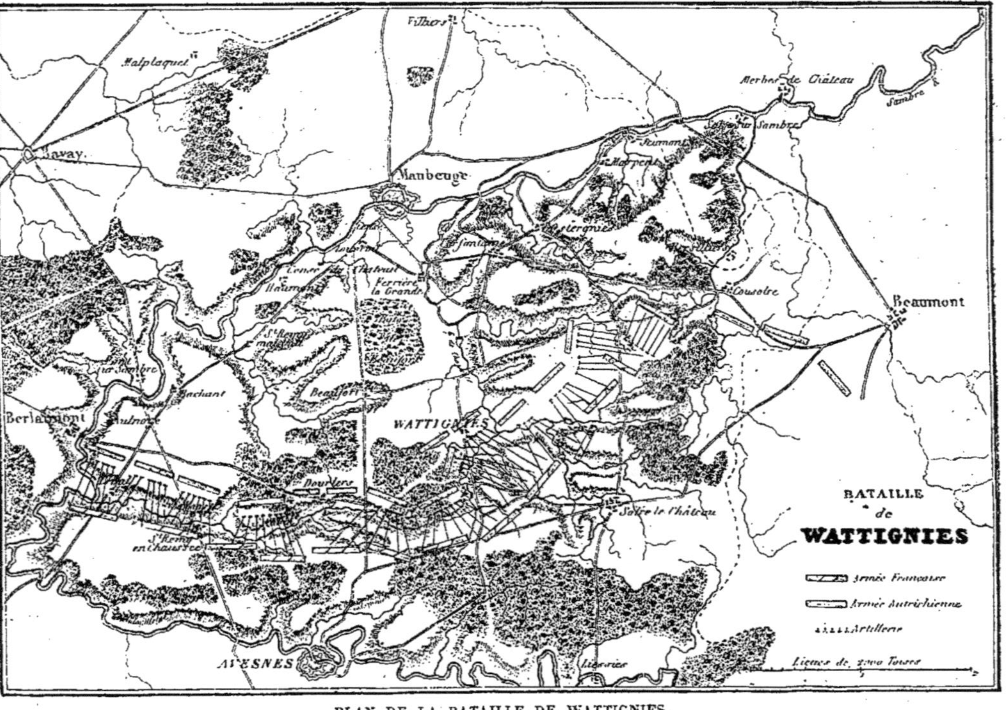

PLAN DE LA BATAILLE DE WATTIGNIES.

l'ennemi. En dessous l'infanterie hongroise ; derrière elle les masses autrichiennes et croates ; puis dans la plaine une immense cavalerie, prête à sabrer les bataillons que l'artillerie aurait ébranlés : le tout dirigé moins par le prince de Cobourg que par Clerfayt, le premier homme de guerre de l'Empire.

Aussi le prince de Cobourg parcourant cet amphithéâtre, cet enchaînement admirable de postes, de barrières artificielles et naturelles, de forces de tout genre qui se prêtaient un appui réciproque, s'écria : « S'ils viennent ici, je me fais sans-culotte. »

Le mot ne fut pas perdu. Il fut reporté aux Français, et il excita chez nos jeunes soldats une ardeur incroyable : il fallait forcer Cobourg de tenir sa parole et de porter le bonnet rouge.

Jourdan avait commencé par rallier son armée. Elle se trouvait dispersée sur une longueur de près de trente lieues, une moitié occupant les places, le reste formé presque uniquement de recrues mal armées, plus mal équipées. Jourdan se hâta de prendre à l'armée des Ardennes de quoi garnir ses cadres, et il réunit à Guise quarante-cinq mille hommes. De Guise il se porta sur Avesnes, les soldats d'ailleurs sous le feu de l'enthousiasme ; ils traversèrent les rues d'Avesnes en chantant à tue-tête des chants patriotiques.

Le 14 octobre Maubeuge commençait à recevoir des bombes autrichiennes quand on crut entendre au loin gronder le canon. Carnot et Jourdan étaient en face de l'ennemi.

La lutte allait s'engager. Mais de quelle manière? La position de Wattignies apparaissait à Carnot comme la plus importante; mais s'il dirigeait l'effort principal sur ce point, il découvrait la route d'Avesnes, par conséquent celle de Guise, où étaient les réserves et les magasins; et en cas d'échec, la ligne de retraite pouvait être coupée. Carnot voulut donc attaquer d'abord de face, sur toute l'étendue de la ligne, en réservant ses communications avec l'intérieur.

Carnot avait devant lui trois villages, Wattignies à sa droite, Leval à sa gauche, Dourlers au centre. Il voulut, en attaquant les trois points à la fois, percer le centre, le briser, pointer sur Maubeuge, et donner la main aux vingt mille hommes du camp retranché, le camp étant précisément du côté par où les Français arrivaient.

Le 15 octobre au matin, l'armée s'ébranla. — Le général Fromentin se porta à gauche sur Leval, menaçant par conséquent la droite des Autrichiens; il s'empara des premières collines et enleva les villages de Leval et de Saint-Waast. Enhardi par ce premier succès, au lieu de longer les bois, suivant l'ordre de Carnot, pour s'abriter de la cavalerie ennemie, il s'aventura dans la plaine. A cette vue les escadrons autrichiens tombent sur lui, le culbutent et le rejettent en désordre dans le ravin de Saint-Remy.

A l'extrémité opposée de la ligne, le général Duquesnoy

pointait sur Wattignies. Déjà il s'était emparé des deux
villages de Dimont et de Dimechaux. Mais Duquesnoy ne
pouvait à lui seul enlever Wattignies, il lui fallait l'appui
du centre, et le centre n'arrivait pas.

TROUPES AUTRICHIENNES.

Jourdan dirigeait lui-même l'attaque contre Dourlers.
L'infanterie se jeta dans le ravin qui la séparait de Dourlers, gravit le terrain sous un feu meurtrier, et arriva sur
un plateau où elle avait en tête des batteries formidables et
en flanc une nombreuse cavalerie prête à la charger.

Quelques-uns ne s'arrêtèrent pas; un tambour de quinze ans (1), trouvant un trou, passa; il arriva jusque sur la place du village de Dourlers, et là, battit la charge derrière les Autrichiens; leurs bataillons parurent un instant sur le point de fléchir.

Mais sous le torrent de la mitraille les Français hésitaient et flottaient; la cavalerie ennemie arrivait de flanc; l'infanterie autrichienne resserrait ses rangs. Les nôtres sont rejetés en désordre dans le ravin.

Jourdan avait lutté quatre heures. Il voyait ses conscrits fatigués; il s'arrête, il hésite, il veut changer le plan de bataille et laisser le centre attaquer de côté. « Pas trop de prudence, général, » lui dit Carnot. Jourdan, au comble de la fureur et du désespoir, voulait se faire tuer. Deux fois il recommença la lutte, ramenant ses soldats décimés au pied de ces hauteurs meurtrières. Pas un ne recula; mais les pentes demeurèrent inabordables.

Cependant la nouvelle de l'échec de Fromentin est parvenu à Jourdan: « Allons à son secours, » dit-il; et il donne l'ordre. Mais Carnot a vu le point où il faut vaincre: « Général, c'est ainsi qu'on perd une bataille »; il empêche le mouvement.

La nuit vient sur ces entrefaites et le combat est suspendu jusqu'au lendemain. Cobourg devait se croire vainqueur; mais il pourra vingt-quatre heures plus tard se sou-

_____

(1) Cf. l'histoire du tambour Sthrau dans *les Enfants de la République*, par Étienne Charavay (Paris, Charavay frè res, in-32).

venir du mot du maréchal de Saxe : « Une bataille perdue est une bataille que l'on croit perdue. »

Jourdan avait réuni un conseil de guerre. Il proposait d'abandonner l'attaque sur le centre et de diriger tout l'effort vers Leval pour reprendre les positions perdues. Carnot soutint au contraire qu'il fallait sacrifier le côté compromis et se porter en masse sur Wattignies, c'est-à-dire sur la droite : « Qu'importe, dit-il, que nous entrions par la gauche ou par la droite? » Puis mettant le doigt sur la carte, au plateau de Wattignies : « C'est là que nous devons triompher. — Si nous cédons à l'idée du représentant du peuple, répondit Jourdan, je le préviens qu'il en prend la responsabilité. — Je me charge de tout et même de l'exécution, » répliqua Carnot. Et le conseil fut entraîné.

Carnot avait compté sur la protection d'un terrain escarpé et boisé qui cacherait sa marche à l'ennemi. Il fit alors une chose hardie. Sur quarante-cinq mille hommes qu'il avait il en prit vingt-quatre mille, et il les porta à la droite, ne laissant au centre et à gauche que des lignes très faibles et très minces. Un épais brouillard d'octobre le servit à merveille : avec le soleil, l'opération eût été difficile.

A une heure après midi le brouillard se dissipe, le soleil perce le rideau de nuées qui voilait ses rayons, et il montre à l'ennemi la moitié de l'armée française escaladant en silence le plateau de Wattignies. A ce premier rayon du soleil nos soldats répondent par un cri : Vive la République!

La position de Wattignies est formidable, bordée d'une petite rivière et de deux ruisseaux, cernée de gorges étroites et profondes. Sur le plateau, des haies, des retranchements, puis les masses redoutables des Hongrois et des Croates, et enfin les émigrés.

Les nôtres montaient, malgré les décharges d'une artillerie foudroyante. Ils montaient, mais du sein de leurs bataillons ouverts et fermés tour à tour, la foudre sortait. Chaque colonne avait sa batterie de campagne, qui montait du même pas et qui vomissait la mitraille. Les Autrichiens ont avoué que jamais telle artillerie n'avait frappé leurs oreilles. Trois régiments ennemis furent anéantis.

Pendant les intervalles des détonations, les Autrichiens entendaient retentir dans les rangs des soldats de la République, des chants belliqueux et des airs patriotiques.

Wattignies est occupée victorieusement. Mais au-dessus de Wattignies il y a un autre plateau, le plateau de Glarges. Cobourg s'y retire, il y rallie toutes les forces dont il peut disposer, et de là il lance la tempête.

Un instant tout fut sur le point d'être perdu. Le général Gratien s'avançait en tiraillant au milieu des bruyères; la cavalerie ennemie l'enfonça, ses soldats se débandèrent. Gratien commanda la retraite malgré l'ordre qu'il avait reçu d'avancer à tout prix.

Carnot s'aperçoit de la faute, il arrive, il rallie la brigade, et à la vue de tous il destitue le général coupable d'avoir reculé. Puis, se jetant à bas de son cheval, il forme

CARNOT A LA BATAILLE DE WATTIGNIES
d'après le tableau de M. Moreau de Tours.

la brigade en colonne et monte à l'ennemi. Il voit, blotti derrière un buisson, un conscrit effaré qui a laissé tomber son fusil, Carnot s'approche, il relève l'arme, il la décharge sur l'ennemi, la recharge, la rend au conscrit et le ramène dans les rangs.

Un grenadier tombait blessé. Carnot lui prend son fusil, et se replaçant à la tête de la colonne, il continue d'escalader le plateau. En même temps Jourdan et le représentant du peuple Duquesnoy (1), frère du général, montaient de l'autre côté avec une seconde colonne. Carnot et Duquesnoy arrivèrent en même temps au sommet du plateau de Glarges et là ils se jetèrent dans les bras l'un de l'autre au cri de Vive la République !

La bataille était gagnée.

Le prince de Cobourg ne s'inquiéta nullement de ce qui se passait au centre et à gauche ; le général Beauregard avait dû reculer ; et d'autre part à Dourlers et à Saint-Waast on était resté dans les mêmes positions. Le duc d'York venait à marche forcée de l'autre côté de la Sambre. Mais le succès de Wattignies effaçait tout. Cobourg découragé évacua ses postes et repassa la Sambre. Maubeuge était sauvé.

La garnison de la ville et les troupes du camp retranché

---

(1) DUQUESNOY. — Duquesnoy, Ernest. Il était né à Bouvigny en 1748. En 1789 il était moine, quitta son couvent et se jeta dans la vie politique où il parut parmi les plus exaltés En 1795 mêlé au complot de Prairial et condamné, il se frappa mortellement d'un coup de couteau (20 mai 1795).

étaient demeurées immobiles, au lieu d'attaquer le corps
d'investissement et de marcher à la rencontre de Jourdan,
ce qui aurait pu rendre les résultats plus complets. Le
général Chancel paya de sa tête cette immobilité.

Le lendemain Carnot était rentré dans son bureau des
Tuileries, au Comité de salut public, d'où il adressait à
l'armée du Nord les félicitations du gouvernement. De la
part qu'il avait prise à la victoire, il ne dit pas un mot. Il
laissait à ses collègues les jouissances du triomphe ; c'était
assez pour lui de la satisfaction du devoir accompli.

CHAPITRE VIII

La victoire de Wattignies avait produit sur les esprits la plus grande impression. Le Comité de salut public, ou du moins les principaux de ses membres songeaient à tirer parti du découragement qu'elle avait jeté chez l'ennemi, de l'énergie qu'elle avait rendue à notre armée. On était résolu à tenter un nouvel effort qui, avant l'hiver, rejetât les coalisés en dehors du territoire et les laissât avec le sentiment décourageant d'une campagne entièrement perdue. Il s'agissait de marcher par Maubeuge et Charleroi d'un côté, par Cysaing, Maulde et Tournay de l'autre, et d'envelopper ainsi l'ennemi sur la partie de territoire qu'il avait envahie. Jourdan représenta au Comité que les troupes avaient besoin de repos et d'instruction; les jeunes soldats n'étaient ni armés, ni habillés, ni suffisamment exercés pour une campagne d'hiver; mieux valait donc demeurer sur la défensive et se mettre en mesure d'attaquer l'ennemi au commencement du printemps.

Telle était également l'opinion de Carnot; et il lui écrivait : « Fais ce que tu croiras le mieux pour la prospérité de nos armes et la gloire de ton pays. Le Comité de salut public n'exige que la connaissance de tes projets. »

Cependant Carnot rencontrait chez ses collègues une forte opposition. Un décret fut rendu qui ordonnait de poursuivre les opérations. — Carnot s'inclina devant la majorité ; mais quelques jours après il autorisait Jourdan à « s'écarter des dispositions qui lui avaient été rigoureusement prescrites ».

Les membres du Comité étaient mécontents ; un décret d'arrestation fut lancé contre le général ; heureusement Carnot et Prieur réussirent à transformer cet ordre en un simple appel à Paris. Le Comité néanmoins, sur le rapport de Barère, prononça la mise à la réforme du général que l'on trouvait trop timide : « Il fallait, dit Barère, s'élever au-dessus des règles ordinaires, il fallait aussi braver les éléments et l'intempérie de la saison. »

« Ce caractère audacieux et entreprenant paraît avoir manqué à Jourdan. Le général qui s'est refroidi sur des succès éclatants n'a pas l'intensité nécessaire pour mettre en mouvement une grande armée destinée à faire des opérations décisives pour le salut de la République. »

Jourdan revint à Limoges et reprit son modeste commerce ; mais on raconte qu'il attacha fort en évidence au fond de son magasin son uniforme de général en chef et sa glorieuse épée ; cette spirituelle épigramme en action fut sa seule manière de protester contre l'injuste mesure qui menaçait de briser sa carrière. Il faut ajouter que, dès le 15 avril 1794, Carnot appelait Jourdan au commandement en chef de l'armée de la Moselle.

L'effort principal allait se porter sur le Rhin, où, le

SOLDATS AUTRICHIENS.

13 octobre, l'ennemi avait réussi à s'emparer des lignes de Wissembourg. Le Comité de salut public voulait les recouvrer à tout prix et débloquer Landau comme on avait débloqué Maubeuge. L'état des départements du Rhin était une raison de se hâter : les nobles de l'Alsace

avaient suivi en foule les armées de Wurmser et couraient
le pays jusqu'à Strasbourg. Un complot fut même tramé
dans cette ville pour la livrer aux Autrichiens. Le Comité
de salut public envoya à Strasbourg Saint-Just (1) et
Lebas (2) avec les pouvoirs les plus étendus. Saint-Just
allait déployer dans cette mission d'incomparables facultés
d'homme d'action. Il débuta par une mesure militaire de
la plus haute importance : il ordonna, dans les armées du
Rhin et de la Moselle, l'incorporation des réquisitionnaires
dans les anciens bataillons, au lieu de les laisser se former
en bataillons séparés, où tout aurait été nouveau, les
hommes et les cadres. Cette mesure, prise le 25 octobre,
fut appliquée par Carnot dès le mois suivant à toutes les
armées de la République. Saint-Just imposa également aux
troupes une discipline de fer : Il fut enjoint à tout militaire
en campagne, sous peine de mort, de coucher tout habillé.
Mais le soldat put voir que, si le gouvernement exigeait beaucoup, il n'oubliait rien pour remédier à ses souffrances.

(1) SAINT-JUST. — Louis-Antoine, né à Decize le 25 août 1767, mort sur
l'échafaud le 28 juillet 1794. Il était fils de Louis-Antoine de Saint-Just,
capitaine de cavalerie, chevalier de Saint-Louis, qui s'était retiré à Blé-
rancourt (Aisne). Saint-Just s'était présenté à la Législative, il ne fut pas
élu, n'ayant pas atteint l'âge fixé par la loi. Député de l'Aisne à la Convention, son rôle y est connu.

(2) LEBAS. — Philippe-François-Joseph, né à Frévent (Artois), en 1764,
mort sur l'échafaud le 28 juillet 1794. Il était avocat à Saint-Pol quand il
fut élu à la Convention. Intimement lié avec Saint-Just et Robespierre, il
épousa Mlle Élisabeth Duplay, l'une des filles de l'hôte de ce dernier, dont
il partagea le sort. Son fils, M. Ph. Lebas, fut le précepteur de celui qui
devait être Napoléon III.

Les opérations allaient reprendre. Les Autrichiens, qui avaient échoué dans une attaque sur Saverne, et qui

HOCHE.

voyaient le complot de Strasbourg avorter par suite de la mission de Saint-Just, demandaient une suspension d'armes : « La République française, répondit Saint-Just,

ne reçoit de ses ennemis et ne leur envoie que du plomb. »
Le nouveau général de l'armée de la Moselle, dès son
arrivée, défendit à ses lieutenants d'entrer en correspondance avec les généraux ennemis autrement qu'avec le
canon et la baïonnette.

Le général avait vingt-cinq ans : c'était Lazare Hoche.
Carnot l'avait remarqué à la défense de Dunkerque. Simple
officier alors, Hoche avait adressé au Comité un mémoire
sur les moyens de pénétrer en Belgique. Carnot, qui ne
négligeait rien, lut ce mémoire, en reconnut la valeur, et
il l'apporta à une séance du Comité : « Voilà, dit-il en
parlant de l'auteur, un officier qui fera du chemin.
Amusez-vous à parcourir ce mémoire ; bien que vous ne
soyez pas militaires, il vous intéressera. » Robespierre prit
le mémoire, et après l'avoir lu : « Voilà, dit-il, un homme
très dangereux. » Carnot, sans s'arrêter à cette insinuation,
pressa l'avancement de Hoche, si bien que celui-ci se
trouva général en chef au moment où bien d'autres com-
mencent leur carrière.

L'armée du Rhin avait également un nouveau général :
c'était Pichegru. Il avait trente-deux ans. Pauvre de nais-
sance, il avait fait ses études au collège de sa ville natale,
à Arbois ; l'un de ses professeurs, le P. Patrault, ayant été
appelé au collège de Brienne, emmena avec lui son jeune
élève, qui, ses études achevées, devint lui-même répétiteur
de mathématiques. Le P. Patrault lui conseilla de se
tourner vers l'état militaire. Pichegru s'engagea en 1783

dans le premier régiment d'artillerie à pied. Il devint promptement adjudant. La révolution qui commençait, lui parut favorable à son ambition naissante; il se jeta dans le mouvement avec un enthousiasme plus calculé que désin-

SAINT-JUST.

téressé. Il était président du club de Besançon lorsqu'un bataillon des volontaires du Gard, de passage dans cette ville, le choisit comme son chef. A la tête de cette troupe qu'il sut discipliner avec habileté, Pichegru rejoignit l'armée du Rhin, où il ne tarda pas à se faire remarquer. Le 4 octobre 1793, il était promu général de division, et à la fin de ce même mois, il commandait en chef. C'était ainsi que la révolution, en créant des soldats, faisait surgir des rangs inférieurs les généraux qui allaient les conduire à la victoire.

Landau ou la mort ! s'écriaient les soldats. Il fallait, pour atteindre le but, réunir les deux armées et opérer en

masse sur un seul versant des Vosges ; il était donc nécessaire de recouvrer les passages qui coupaient la ligne des
montagnes, ou plutôt de s'emparer de la chaîne même des
Vosges, pour séparer ainsi les Prussiens des Autrichiens.
Les Autrichiens avaient obtenu un dernier succès en s'emparant du fort Vauban ; mais les Prussiens avaient échoué
dans une tentative sur Bitche, au centre des Vosges, et le
duc de Brunswick avait reculé sur Kayserslautern. Hoche
voulut l'attaquer dans cette position, malgré la difficulté
des lieux. Il avait environ trente mille hommes, il se battit
le 28, le 29 et le 30 novembre, mais sans succès, et il dut
reculer avec une perte d'environ trois mille hommes, pour
se rallier à Pirmasens.

Sa position était critique. Il n'avait pas obéi à l'ordre de
Carnot qui voulait qu'il tournât les Prussiens pour se
joindre à l'armée du Rhin, attaquer les Autrichiens, et se
porter directement au secours de Landau. Mais il avait
montré dans son échec tant de vigueur et de décision, il
avait opéré sa retraite avec un ordre si admirable, qu'il
reçut coup sur coup, le 4 et le 7 décembre, deux lettres,
l'une de Saint-Just et l'autre de Carnot : « Tu as pris à
Kayserslautern un nouvel engagement, lui écrivait Saint-
Just : au lieu d'une victoire il en faut deux. » Et Carnot de
fon côté : « Un revers n'est pas un crime, lorsqu'on a tout
fait pour mériter la victoire ; ce n'est point sur les événements que nous jugeons des hommes, mais par leurs efforts
et leur courage. Notre confiance te reste ; rallie tes forces,

REPRISE DES LIGNES DE WISSEMBOURG.

marche et dissipe les hordes royalistes. Nous t'envoyons
dix mille hommes de l'armée des Ardennes : tâche d'instruire Landau que tu viens à son secours et vois, en atten-
dant, si, en te joignant à Pichegru, il te serait possible de
battre l'armée ennemie qui le retient devant Strasbourg. »

Sans être ébranlé un moment par sa défaite, Hoche avait
résolu de se joindre à l'armée du Rhin pour accabler
Wurmser. Il dirigea le général Taponier avec douze mille
hommes sur Woerth pour percer les montagnes et se jeter
sur le flanc de Wurmser; le 22 décembre, il marcha lui-
même, parut à Woerth, et accabla la droite de Wurmser,
après une série de combats, à Reischoffen, à Woerth, à
Frœschwiller, lieux illustrés alors par nos victoires, et destinés à l'être plus tard par nos malheurs. A Frœschwiller
seize pièces de position foudroyaient nos colonnes :
« A 600 francs pièce ces canons, mes camarades ! cria
Hoche. — Adjugé ! » répondirent les soldats; et aussitôt,
d'un mouvement irrésistible, infanterie et cavalerie se précipitèrent à l'assaut des redoutes. Les Autrichiens se reti-
rèrent derrière la Suhr. Hoche les assaillit le lendemain
avec son avant-garde à Soultz, et les rejeta sur Wissembourg. Les deux armées du Rhin et de la Moselle étaient
réunies.

Il fallait que l'un des deux généraux prît le commandement en chef pour achever la victoire. Saint-Just avait
désigné Pichegru, dont la docilité, les manières insinuantes
l'avaient séduit. Mais pendant ce temps-là, les deux repré-

sentants du peuple en mission à l'armée de la Moselle, Baudot et Lacoste, qui avaient suivi la lutte en y prenant une part active, appelaient Hoche au commandement des deux armées réunies. Il était à craindre que l'orgueil bien connu de Saint-Just fût froissé. Le devoir l'emporta : « Il faut en cet instant, écrivait Saint-Just, ne se souvenir que de la Patrie. »

Les armées ennemies étaient résolues à tenter un suprême effort. Brunswick avait rejoint Wurmser; le 26 décembre, une bataille générale s'engagea depuis le Rhin jusqu'aux sommets des Vosges. Le général Desaix, commandant la droite de l'armée du Rhin, marcha sur Lauterbourg; le général Michaud fut dirigé sur Schleithal ; Hoche au centre s'avança sur Wissembourg avec trente-cinq mille hommes; l'ennemi fut surpris en pleine marche; son avant-garde refoulée essaya de tenir en avant de Wissembourg sur la hauteur du Geisberg; la hauteur fut enlevée, les batteries furent prises; Brunswick en accourant empêcha seul la retraite des Autrichiens de se changer en déroute. Le 27, Hoche entrait à Wissembourg. Le 28, le blocus de Landau était levé.

Le 30, Wurmser repassait le Rhin à Philipsbourg; l'armée prussienne se replia sur Mayence; les Français occupèrent le *Palatinat, Spire et Worms, en s'emparant de tous les* approvisionnements de l'ennemi. La reprise du fort Vauban termina la campagne.

CHAPITRE IX

FLEURUS

L'année 1793 s'était terminée par des victoires. Dunkerque et Maubeuge avaient été délivrés; les neiges de l'hiver n'avaient pu arrêter la marche de Hoche sur le Rhin, les Autrichiens avaient levé le siège de Landau. A l'intérieur, Lyon et Toulon étaient repris, la Vendée était vaincue. Mais la France avait fait de gigantesques efforts ; la levée en masse nous donnait sept cent vingt mille hommes, et le souvenir des quatorze armées de la République est encore présent à toutes les mémoires.

Ces quatorze armées, Carnot, de son bureau, allait les faire mouvoir ; et en même temps qu'il armait les soldats, il créait des officiers. « La révolution, disait Barère, doit tout hâter pour ses besoins ; elle est à l'esprit humain ce que le soleil d'Afrique est à la végétation. » L'école de Mars fut créée. Des jeunes gens choisis dans toutes les provinces *se rendirent à pied et militairement* à Paris. Campés sous des tentes, au milieu de la plaine des Sablons, ils durent s'y instruire rapidement dans toutes les parties de l'art de la guerre pour être de là répartis dans les diverses armées.

Carnot cependant rédigeait un système général des opérations militaires de la campagne prochaine, un plan de campagne pour l'armée du Nord, et de plus des instructions particulières pour chacun des généraux en chef. Pichegru qui, par la faveur de Saint-Just, avait remplacé Jourdan, recevait une lettre très détaillée, qui précisait le système adopté par le bureau de la guerre.

La guerre sera offensive partout, mais décisive sur deux ou trois points seulement, pour ne pas disséminer les forces de la République. L'armée du Nord et celle des Ardennes sont considérées comme deux ailes d'une seule armée ayant un but stratégique commun. C'est à elles qu'il appartiendra de porter les grands coups. Les armées du Rhin et de la Moselle resteront sur la défensive. Du côté des Alpes on devra s'emparer des passages du petit Saint-Bernard et du Mont-Cenis, et ouvrir le Piémont par la prise d'Oneille : comme règle générale, il est recommandé d'agir toujours en masse, et offensivement. « Il est évident, écrivait Carnot, que nous ne pouvons terminer la guerre dans cette campagne sans de grandes batailles : quand, par des opérations partielles, nous serions venus à bout de détruire la moitié de l'armée ennemie, il lui resterait encore les moyens de nous attaquer de nouveau l'année prochaine et de prolonger ainsi l'état violent où nous sommes. Il nous faut donc une campagne des plus offensives et des plus vigoureuses; c'est ce qui a été recommandé à tous les généraux, et surtout à celui de l'armée du Nord. »

La lettre adressée spécialement à Pichegru prescrivait d'ouvrir la campagne par la prise de la ville d'Ypres : elle paraissait si importante que le général devait y employer toutes les forces disponibles, même livrer une grande

COSTUME DES ÉLÈVES DE L'ÉCOLE DE MARS.

bataille ; on choisirait de préférence pour cet engagement décisif le pays compris entre la Lys et l'Escaut, afin d'avoir la retraite sur Lille en cas d'échec, et autrement d'enfermer l'ennemi dans l'entonnoir que forment ces deux rivières. Carnot recommandait le secret le plus absolu, le plan ne serait connu que des deux représentants en mission, Richard et Choudieu (1).

Quels furent les résultats? La suite des événements nous l'apprendra.

Hoche avait perdu le commandement en chef. Sa vivacité, ses boutades, ses récriminations contre Pichegru qui voulait s'attribuer à lui seul les succès de la campagne, avaient irrité Saint-Just. Hoche fut transféré de l'armée de la Moselle à l'armée d'Italie. A peine arrivé à son quartier général à Nice, il y fut arrêté, ramené à Paris et enfermé aux Carmes, puis à la Conciergerie. Il demandait en vain des juges. Il maudissait Carnot qui le laissait oublier pendant des mois au fond d'une prison. Carnot se garda bien d'écouter ses plaintes; le meilleur moyen de sauver Hoche du tribunal révolutionnaire, c'était de le laisser dans cet oubli.

Pichegru reçut, le 17 février 1794, le commandement en chef des armées du Nord et des Ardennes. Pichegru ne se montra pas fort actif, malgré les instructions si précises que lui avait envoyées Carnot. Il laissa l'ennemi prendre l'offensive et investir Landrecies. L'occupation de cette petite place ne pouvait être de grande importance pour les alliés, qui possédaient Valenciennes, Condé et Le Quesnoy. Les alliés s'y obstinèrent. Pichegru envoya au secours de Landrecies un corps trop faible, qui fut battu à Trois-

____

(1) CHOUDIEU.— Pierre, né à Angers, mort en 1840. Il était avocat. Il fut exilé sous le Consulat, puis banni de nouveau sous la Restauration.

Villes. Landrecies fut rendue le 30 avril par la garnison, malgré les habitants.

Pichegru se décida enfin à marcher conformément au plan de Carnot. Les généraux Souham (1) et Moreau (2) partirent de Lille avec cinquante mille hommes et ordre de s'avancer en Flandre pour s'emparer des places de Menin et Courtray, toutes deux sur la Lys. Souham enleva Courtray, Moreau bloqua Menin. Le général autrichien Clerfayt voulut forcer les Français à rétrograder en menaçant leurs communications avec Lille, et il s'avança sur Moucroën avec dix-huit mille hommes. Moreau et Souham ramenant une partie de leurs troupes vers leurs communications menacées, marchèrent vers Moucroën et engagèrent la bataille. Clerfayt fut vaincu et Menin se rendit.

Pichegru s'avança à son tour; le prince de Cobourg essaya de rejeter notre aile gauche vers la mer, il échoua, et ses propres troupes furent rejetées en désordre de Tourcoing et de Roubaix. Pichegru échoua, il est vrai, sur

(1) SOUHAM. — Joseph Souham, comte de l'Empire, né à Lubersac le 30 août 1760, mort le 28 avril 1837. Chef de bataillon des volontaires de la Corrèze, il servit à l'armée du Nord. Compromis dans le procès de Moreau, il fut rayé des cadres; rétabli sur ses instances en 1807, il prit part aux batailles de Lutzen et de Leipsick.

(2) MOREAU. — René-Victor Moreau, né à Morlaix le 14 août 1763, mort à Lann, en Bohème, le 2 septembre 1813. Etudiant en droit lors de la Révolution, chef du bataillon des volontaires d'Ille-et-Vilaine; nommé général de division par Pichegru en 1794. Il s'illustra par ses campagnes d'Allemagne, par les victoires de Biberach et de Hohenlinden. Compromis dans la conspiration de Pichegru, il s'exila aux Etats-Unis et en revint, malheureusement pour sa gloire, pour mourir d'un boulet français.

Tournay et il se borna alors à préparer le siège d'Ypres.

Mais à ce moment l'armée des Ardennes se portait vers la Sambre, et s'efforçait de passer la rivière pour prendre Charleroi et déboucher en Belgique. Saint-Just et Lebas venaient d'arriver. Quatre fois l'armée força le passage, quatre fois elle fut repoussée sur l'autre rive par la droite des alliés.

Carnot allait reprendre sur une plus vaste échelle le plan de Wattignies : dégarnir l'Est pour renforcer le Nord. L'armée de la Moselle, grossie d'une partie de celle du Rhin, dut se porter sur la Meuse et la Sambre.

Le 15 avril 1794, Carnot avait rappelé Jourdan à l'activité, et lui avait confié l'armée de la Moselle. Jourdan traversa le Luxembourg, battit à Arlon le général autrichien Beaulieu, et, laissant avec trois divisions le général René Moreaux (1) entre Longwy et Kayserslautern, il marchait sur la Sambre avec cinquante mille hommes. Le 3 juin, Jourdan rejoignait la droite de l'armée du Nord, qui, repoussée derrière la Sambre, venait d'être forcée d'abandonner le siège de Charleroi. Saint-Just et Lebas donnèrent à Jourdan le commandement en chef; il se trouvait à la tête de quatre-vingt mille hommes, et ces quatre-vingt mille hommes devinrent l'armée de Sambre-et-Meuse que son

____

(1) MOREAUX. — Jean-René Moreaux, né à Rocroi, le 14 mars 1758, mort à Thionville le 11 février 1795. Marié, père de quatre enfants, à la tête d'un atelier important, il partit comme volontaire. Devenu général de division, il prit Trèves et Coblentz, et mourut subitement au moment où il allait s'emparer de Luxembourg.

patriotisme, sa discipline, sa patience dans les travaux, sa constance dans les revers, la grandeur de ses conquêtes, l'éclat des services rendus, ont gravée à jamais dans la mémoire des Français.

Jourdan se crut assez fort pour repasser la Sambre. Il est vrai que les Prussiens pouvaient venir des bords du Rhin joindre les alliés sur la Sambre, mais les Prussiens faisaient surtout la guerre à leur convenance, et Carnot d'ailleurs était revenu à l'espoir de détacher la Prusse de la coalition. Carnot estimait également que l'Autriche ne tiendrait plus guère en Belgique : Pichegru avait pris Ypres le 17 juin, Bruges le 29, Ostende deux jours après.

Jourdan avait essayé un cinquième passage de la Sambre. Il fut repoussé. Il ne se découragea pas; il franchit la Sambre une fois encore; après avoir fait venir de Maubeuge un supplément d'artillerie de siège, il investit de nouveau Charleroi et en pressa le bombardement avec une extrême vigueur. L'ingénieur Marescot (1) précipita si vivement les travaux, qu'en huit jours les feux de la place furent éteints et que tout fut prêt pour l'assaut. Le 26 juin, le commandant de Charleroi envoya un officier avec une lettre pour parlementer. Saint-Just refusa d'ouvrir la lettre : « Ce n'est pas un chiffon de papier, c'est la place qu'il nous

(1) MARESCOT. — Armand Samuel, marquis de Marescot, né à Tours le 1er mai 1758, mort au château de Chaslay le 5 novembre 1832. Capitaine du génie en 1791. Il dirigea le passage de l'armée par le Saint-Bernard, dans la campagne de 1800.

faut. » La garnison sortit de Charleroi le soir même, au moment où le prince de Cobourg arrivait avec quatre-vingt mille hommes.

Le prince de Cobourg essaya de recouvrer par une grande bataille la place qu'il avait laissé perdre. Jourdan l'attendit en avant de Charleroi avec son armée déployée en un demi-cercle dont les deux extrémités s'appuyaient à la Sambre, au-dessus et au-dessous de la ville conquise; Kléber commandait à gauche; Championnet, Lefebvre et Marceau formaient le centre et la droite. Kléber repoussa le prince d'Orange et le général Latour, et les força de s'éloigner de Marchienne-au-Pont.

Championnet cependant résistait avec peine, lorsque Jourdan porta la division Hatry, placée en réserve, pour reprendre la redoute d'Hépignies.

Marceau à Lambusart repoussait toutes les attaques. La fin du jour approchait. Beaulieu venait d'apprendre sur la Sambre ce que le prince d'Orange avait appris la veille; c'est que Charleroi appartenait aux Français : le prince de Cobourg n'osa pas continuer la lutte et ordonna la retraite.

Telle fut cette bataille, l'une des plus acharnées de la campagne, et qui s'était poursuivie sur un demi-cercle de dix lieues d'étendue. Elle s'appela la bataille de Fleurus, bien que ce village n'eût joué là qu'un rôle secondaire; mais c'était en souvenir de la victoire qu'avait déjà remportée sur ce même terrain, sous Louis XIV, le maréchal de Luxembourg.

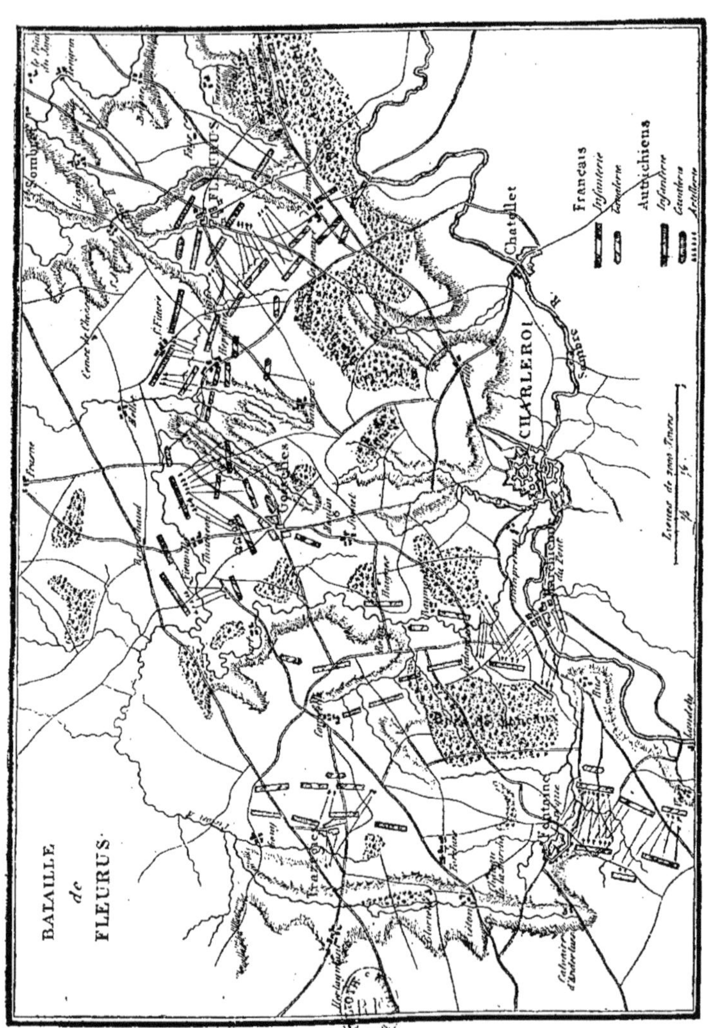

PLAN DE LA BATAILLE DE FLEURUS

Trois jours après, Carnot écrivait à Jourdan : « Les armées réunies des bords de la Sambre se sont couvertes de gloire. Le Comité se félicite d'avoir trouvé en toi un chef digne de les commander. »

Mais il ajoute aussitôt : « Il faut maintenant s'occuper de tirer le meilleur parti d'un si heureux événement, éviter les revers qui suivent trop souvent un enthousiasme excessif, et la trop grande confiance que pourrait inspirer l'ivresse du succès. — La discipline est plus que jamais nécessaire, à mesure qu'on avance en pays ennemi. Avec de l'ensemble, de la justice, une conduite ferme, on réussira, et l'on contiendra les pays conquis. Ils doivent contribuer ; mais les contributions doivent tomber uniquement sur les riches et les ennemis du nom français. Le peuple sera pour nous si nous respectons ses mœurs, sa vie et ses chaumières .. »

Rien ne devait plus arrêter les armées triomphantes de la République française. Moreau enleva Nieuport et l'Écluse ; Pichegru s'avança sur Bruxelles. Jourdan y marchait de son côté. Le 10 juillet, les avant-gardes françaises entraient dans la capitale des Pays-Bas, et peu de jours après les deux armées du Nord et de Sambre-et-Meuse y faisaient leur jonction. Cent cinquante mille Français pouvaient fondre de ce point sur les armées de la coalition, qui, battues de toutes parts, cherchaient à se retirer, les unes vers la mer, les autres vers le Rhin.

Une partie de l'armée française se rabattit sur les quatre places qui étaient demeurées aux mains de l'ennemi, Landrecies, Le Quesnoy, Valenciennes et Condé. La coalition avait accumulé dans ces forteresses de grands moyens de défense, elles étaient en mesure de soutenir de longs sièges. Le Comité de salut public essaya de frapper de terreur les garnisons étrangères. Il fit rendre par la Convention le décret suivant : « Toutes les troupes des tyrans coalisés, renfermées dans les places du territoire français envahies par l'ennemi sur la frontière du Nord, et qui ne se seront pas rendues à discrétion vingt-quatre heures après la sommation qui leur en sera faite, ne seront admises à aucune capitulation et seront passées au fil de l'épée. »

Ce décret était comminatoire. Il effrayait cependant la timidité du général Schérer (1) qui avait été chargé des quatre sièges. Était-il étrange? Le général Wurmser avait condamné aux travaux forcés vingt-quatre citoyens de Wissembourg; et, après la capitulation de Valenciennes, les Anglais avaient abreuvé d'outrages la garnison et les représentants qui avaient défendu cette ville.

« Ce décret, dit Carnot dans son rapport, aurait pu devenir une arme terrible contre nous-mêmes. Manié avec dextérité, il devait foudroyer les espérances de l'ennemi; gauchement exécuté, il pouvait le porter au désespoir... Mais la grande latitude que vous aviez laissée à votre Comité sur le mode d'exécution des mesures militaires lui donnait

(1) Schérer. — Barthélemy-Louis-Joseph, né à Delle le 18 décembre 1747. Il mourut à Commenchon (Aisne); la date indiquée par la Biographie universelle (19 août 1804) n'est pas exacte. Capitaine d'artillerie en 1780, général de division en 1794, il cessa de servir après son échec à Magnano en Italie.

BATAILLE DE FLEURUS

la faculté de diriger l'effet de celle-ci. Il savait que ce n'était point un décret de carnage que vous aviez voulu rendre, mais un décret pour sauver la patrie. »

Landrecies se rendit immédiatement. Au Quesnoy, le commandant avait répondu héroïquement : « Une nation n'a pas le droit de décréter le déshonneur d'une autre nation. » Forcé néanmoins de capituler, il donna cette explication aussi belle que sa réponse : « Ma garnison n'a pas eu connaissance de votre sommation ; je la lui ai cachée : la responsabilité ne doit atteindre que moi seul. » Le Comité de salut public usa de clémence envers ce noble soldat.

En moins de soixante jours les quatre places étaient reprises.

Le 22 thermidor, le Comité de salut public accusait réception des clefs de Trèves, cette ville qui avait si long-temps servi de siège aux émigrés.

Jourdan avait marché de son côté. Le 16 juillet, avec ses divisions de gauche, il battait les Autrichiens sur la position de la Montagne-de-Fer, en avant de Louvain ; le même jour, sa droite s'emparait de Namur ; le 27, elle occupait Tongres, Liège, et menaçait les communications des Impériaux, qui repassèrent à la rive droite de la Meuse.

L'armée autrichienne changea de chef : Clerfayt succéda au prince de Cobourg. Le nouveau général avait établi derrière l'Ourthe et l'Aiwaille le corps du comte de Latour, sa droite dans le camp retranché de la Chartreuse, et sa gauche sur les hauteurs de Sprimont. Le 18 septembre,

Jourdan fit franchir l'Ourthe et l'Aiwaille à quatre divisions
qui enlevèrent la position de Sprimont. Ce combat força
Clerfayt à quitter la ligne de l'Ourthe et les positions de la
Meuse; il concentra ses troupes derrière la Roër, sous le
canon de Juliers. Jourdan ne devait pas songer à s'emparer
de Maestricht tant que Clerfayt se tiendrait à portée de
secourir cette forteresse. Le 2 octobre, l'armée de Sambre-
et-Meuse, forte pour la première fois de cent mille combattants, remporta la victoire d'Aldenhoven. Le lendemain,
Juliers se rendit à discrétion; le 6 octobre, Jourdan entra
dans Cologne; le 10, à Bonn; le 23, la droite de son armée
occupa Coblentz; enfin le 4 novembre, Maestricht ouvrit
ses portes. Il ne resta aux coalisés, sur la rive gauche du
Rhin, que Luxembourg et Mayence.

Les armées françaises menaçaient la Hollande et l'Allemagne. Fallait-il s'arrêter? Tel ne fut pas l'avis du Comité
de salut public, et, par l'organe de Carnot, il déclara à la
Convention que les généraux avaient reçu l'ordre de marcher en avant.

Pichegru, maître de la Belgique, se porta sur le territoire hollandais. Il arriva devant Nimègue. Le gouverneur
épouvanté se retira, et les Français entrèrent dans la ville.
On croyait que les troupes prendraient alors leurs quartiers
d'hiver; mais le froid déjà très vif augmenta bientôt au point
de faire espérer que peut-être les grands fleuves seraient
gelés. Pichegru, qui était revenu malade à Bruxelles, se
hâta d'accourir pour saisir l'occasion de nouvelles con-

PRISE DE LA FLOTTE HOLLANDAISE.

quêtes. Grave se rendit ; le 18 janvier 1795, le Wahal se trouva solidement gelé. Le général anglais Walmoden recula sur le Hanovre ; le prince d'Orange s'embarqua pour l'Angleterre. Le 20 janvier 1795, Pichegru faisait son entrée à Amsterdam.

Le merveilleux lui-même vint s'ajouter à cette opération de guerre déjà si extraordinaire. Une partie de la flotte hollandaise mouillait près du Texel. Pichegru, qui ne voulait pas qu'elle eût le temps de se détacher des glaces et de faire voile vers l'Angleterre, envoya des divisions de cavalerie et plusieurs batteries d'artillerie légère vers le Nord-Hollande. Le Zuyderzée était gelé : nos escadrons traversèrent au galop ces plaines de glace, et l'on vit des hussards et des artilleurs à cheval sommer comme une place forte ces vaisseaux devenus immobiles. Les vaisseaux hollandais se rendirent à ces assaillants d'une espèce si nouvelle.

La Hollande fut traitée en pays allié. Elle devint la République batave. Le 1er mai 1795, la nouvelle République signait avec la France un traité d'alliance et lui cédait, avec les places de Maestricht et de Venloo, la Flandre Hollandaise.

Cette modération, Carnot en avait donné le conseil à la Convention nationale. Autre fut son opinion pour ce qui concernait la Belgique ; il démontra que l'annexion de ce pays était indispensable à la France au point de vue de la continuation de la lutte contre l'Angleterre et l'Autriche.

CHAPITRE X

LA CONVENTION, LE 9 THERMIDOR, LA RÉACTION THERMIDORIENNE

Pendant que nous suivions de bataille en bataille nos armées triomphantes; pendant que nous rappelions avec un juste sentiment d'orgueil ce drapeau de la République qui flottait victorieux sur toute la rive gauche du Rhin, et que nous constations ainsi cette réalisation des plans conçus par Carnot, nos regards se sont détournés de la Convention nationale et de ses orageuses séances.

Carnot lui-même, absorbé par un travail de tous les instants, n'y assistait guère que dans les plus grandes circonstances. Cependant ce ne serait pas connaître l'homme que de négliger complètement cette page de notre histoire. Il est bon de voir quel fut son rôle, car il y donnera à tous une nouvelle leçon de sagesse.

La mission que Carnot avait remplie à l'armée du Nord avait eu pour lui cet immense avantage de ne pas le rendre témoin des scènes déplorables du 31 mai. Il ne prit aucune

La Belgique, le pays de Liège, et les territoires cédés par la Hollande formèrent neuf départements.

C'était le prélude de la paix, au moins partielle. Bâle était devenu le siège d'arrangements diplomatiques importants. La Toscane, puis la Prusse, traitaient avec la République française..

Le 15 ventôse (5 mars 1795), Carnot était sorti définitivement du Comité de salut public, après avoir eu l'honneur d'exposer lui-même à l'assemblée les résultats de la guerre qu'il venait de conduire : vingt-sept victoires, quatre-vingt-dix mille ennemis tués, quatre-vingt-dix drapeaux enlevés, cent seize places ou villes importantes prises.

Et du haut de la tribune du parlement d'Angleterre Fox pouvait s'écrier : « Que l'on cherche une semblable campagne dans les annales de l'Europe ! »

part à la proscription des Girondins, parmi lesquels d'ailleurs il comptait de nombreux amis. Quand on demanda aux armées et aux représentants en mission un acte d'adhésion, Carnot refusa : il protesta contre cette mutilation de la représentation nationale.

Lorsqu'il fut revenu au bureau du Comité, il se tint également à l'écart des partis qui allaient s'entre-déchirer. La besogne était rude, quatre à cinq cents affaires à traiter par jour, deux séances du Comité, et en plus la séance de la Convention. Aussi avait-il fallu diviser le travail. Robespierre, Couthon et Saint-Just s'occupaient principalement de la police générale; Billaud, Collot-d'Herbois ét Barère, de l'intérieur et de la correspondance générale; Carnot, Prieur et Lindet, de la guerre et des approvisionnements. Tous avaient la conviction que le salut public exigeait la concentration de toutes les forces dans les mains du Comité, et qu'il ne fallait rompre sous aucun prétexte l'unité au moins apparente du gouvernement. De là une solidarité, que plus tard Carnot revendiquera hautement, quel que soit le danger. Il était convenu que chacun des membres du Comité serait à peu près souverain dans son département; mais, les mesures une fois adoptées, tous signaient.

Cependant Robespierre et Saint-Just étaient résolus à perdre Danton. Ils craignaient l'opposition de Carnot, et ils essayèrent, en lui donnant satisfaction sur un point, de le désarmer de l'autre. Carnot s'était plaint souvent des

obstacles qu'il rencontrait au ministère de la guerre. A ses
yeux le Conseil exécutif, c'est-à-dire le ministère, était un
rouage inutile ou encombrant. Robespierre et Saint-Just se

ARMÉE FRANÇAISE. — PIÈCE DE SIÈGE. — 1793.

rangèrent à cette idée et, dans la nuit du 30 au 31 mars 1794,
le Comité de salut public et le Comité de sûreté générale
étant réunis, Carnot présentait et faisait adopter un plan
d'après lequel les six ministres étaient remplacés par douze
commissions. Ce ministère de la guerre, qui avait dévoré
des ressources incalculables depuis 1792, et qui, bien que

subordonné au Comité, avait, jusque-là, continué d'entraver
Carnot, était enfin anéanti. Tout ce qui regardait l'organisation et les mouvements des armées de terre était entièrement dans la main de Carnot ; tout ce qui regardait la fabri-
cation des armes et des poudres, dans la main de Prieur ;
les approvisionnements, dans celle de Lindet.

La nuit était avancée. Saint-Just se leva et lut d'une voix
lente le sinistre rapport qui concluait à la mise en accusation de Danton et des dantonistes. Le débat fut long.

« Vous n'avez, dit Carnot, que des soupçons et pas une
preuve contre Danton. N'élevons pas de querelles sanglantes
entre les hommes qui ont travaillé ensemble à fonder la
République : si vous frayez le chemin de l'échafaud aux
représentants du peuple, nous passerons tous successivement par ce même chemin. »

Carnot et Prieur, cependant, suivant le principe qu'ils
s'étaient fait de ne pas rompre l'unité du gouvernement révolutionnaire, cédèrent à la majorité et signèrent le rapport.

Lindet refusa : « Je suis ici, s'écria-t-il, pour nourrir les
citoyens et non pour tuer les patriotes ! »

Le vieil Alsacien Rühl(1), du Comité de sûreté générale,
ne signa pas non plus. Les dix-huit autres membres des
deux Comités avaient signé, Danton périt.

(1) RUHL (Philippe-Jacques), fils d'un pasteur de la confession d'Augsbourg
et pasteur lui-même. Membre de la Législative et de la Convention, ce fut
lui qui, envoyé en mission à Reims, y brisa la sainte Ampoule, dont il
envoya les morceaux à l'Assemblée. Compromis en prairial, il prévint l'échafaud par le suicide.

Robespierre restait seul. Mais il ne tarda pas à rencontrer au Comité une opposition qui, contenue d'abord, passa

ROBESPIERRE.

bientôt à l'état aigu. Si d'un côté Billaud et Collot s'irritaient des allures dominatrices qu'affectait Robespierre, Carnot, par les services mêmes qu'il avait rendus et rendait tous les jours, était un adversaire plus redoutable encore.

Nous n'avons pas à raconter ici les journées de Thermidor, et ce procès qui fut, comme on l'a dit justement, jugé et non plaidé. Robespierre et Saint-Just, en rompant avec la majorité du Comité, avaient eu le tort d'attaquer Carnot et Cambon, l'organisateur de la victoire et le grand financier de la Révolution. Robespierre succomba : la Révolution, comme Saturne, dévorait ses enfants.

Carnot, au nom du gouvernement, avait fait connaître aux armées de la République les événements de Thermidor. Il n'avait personnellement aucune relation avec ceux que l'on appela les Thermidoriens ; et il les connaissait si peu que, plus tard, à l'époque des Cent Jours, l'un des principaux, Tallien, s'étant présenté chez lui au ministère de l'intérieur, Carnot ne le reconnut pas et lui demanda son nom.

Carnot aurait voulu que le gouvernement rentrât peu à peu dans les voies de la modération et de la légalité. Mais malheureusement une réaction se produisit, et une réaction effrénée. — Un mois s'était à peine écoulé qu'une dénonciation était lancée du haut de la tribune par Lecointre, de Versailles, contre sept membres des Comités : Billaud, Collot et Barère, du Comité de salut public, Vadier, Voulland, Amar et David, du Comité de sûreté générale. La Convention déclara calomnieuse la dénonciation de Lecointre. Elle fut reprise par Legendre, le 12 vendémiaire, mais limitée à quatre noms : Billaud, Collot, Barère et

Vadier. Carnot qui ne les aimait pas, n'hésita pas à les défendre : « Ayant toujours délibéré avec eux, je déclare que je ne m'en séparerai point. » Lindet, de son côté, terminait un rapport par ces mots qui expliquent la situation : « Quels généraux, quels soldats n'ont jamais fait dans la guerre que ce qu'il fallait faire et ont su s'arrêter où la raison froide et tranquille aurait désiré qu'ils s'arrêtassent? N'envisagez que ce qui vous reste à faire : que la patrie seule occupe votre pensée! »

Un rapport de Saladin sur la dénonciation de Legendre mettait hors de cause Prieur, Lindet et Carnot. Ils n'acceptèrent pas cette sorte d'amnistie, et vaillamment ils défendirent leurs collègues accusés. Lindet signala l'intention perfide de faire condamner tout l'ancien gouvernement dans la personne de quatre de ses membres, condamnation qui retomberait sur la représentation nationale elle-même, tous les actes de ce gouvernement ayant reçu son approbation.

La réaction aurait voulu empêcher Carnot de parler, on l'écouta cependant :

« J'ai combattu souvent les prévenus eux-mêmes lorsque tout fléchissait devant eux, je les défendrai maintenant que chacun les accable. Ne mettra-t-on jamais dans la balance les services d'une part et les excès de l'autre? Les veilles, les fatigues indicibles, essuyées pour tirer l'État de ses crises affreuses, n'entreront-elles jamais en compensation des erreurs et des fautes qu'on a pu commettre? Ne rapprochera-t-on jamais les faits des circonstances terribles qui les ont déterminés? Sont-ce des circonstances ordinaires que celles où s'est trouvée la France? ou plutôt en a-t-il jamais existé de semblables dans l'histoire des nations?... Un seul fait répondra, ce me semble, pour les prévenus, à toutes les inculpations : c'est que la France était aux abois lorsqu'ils sont entrés au Comité de salut public, et qu'elle était sauvée lorsqu'ils en sont sortis... Quand le plus vertueux des Romains, dans des circonstances pareilles, sommait Cicéron de jurer qu'il n'avait versé le sang des citoyens qu'avec les formes établies, et qu'il n'avait pas violé les lois pendant son consulat, en poursuivant les conjurés, Cicéron lui répondit : O Caton ! ta vertu te trompe; tu crois qu'on peut gouverner un empire dans les temps d'orage comme dans les temps calmes et ordinaires. Je jure que j'ai sauvé la patrie ! »

« Ma conscience, à moi, ne me reproche rien, » avait-il dit en terminant.

Mais les insurrections du 12 germinal et du 1er prairial, considérées comme l'effet d'une conspiration pour sauver les prévenus, permirent à leurs ennemis d'obtenir contre eux, au lieu d'un décret d'accusation devant le tribunal, un décret de déportation immédiate par mesure de sûreté générale.

Encouragés par ce succès, les réactionnaires voulurent porter un coup plus hardi. Un de ces Girondins que la Convention avait rappelés dans son sein, et qui étaient rentrés avec la haine dans le cœur, Henri Larivière, fit décréter par la Convention l'arrestation de Jean-Bon Saint-André (1) et de Robert Lindet. Une voix s'éleva pour demander aussi l'arrestation de Carnot. A cette parole, une émotion indicible s'empara de l'assemblée. Tout à coup, des bancs les plus élevés du centre, Lanjuinais s'écria : « Oserez-vous porter la main sur celui qui a organisé la victoire dans les armées françaises? » Des acclamations saluèrent ces paroles, l'accusation fut abandonnée.

La Convention nationale arrivait au terme de sa mission, la constitution de l'an III était votée, les élections eurent lieu. Carnot fut nommé par quatorze départements. La notification du collège électoral de la Sarthe lui étant arrivée la première, il opta pour la Sarthe, bien qu'il n'y eût aucune relation : il témoignait ainsi qu'un député ne doit pas se considérer comme le représentant d'une localité, mais comme le représentant de la France.

(1) JEAN BON SAINT-ANDRÉ. — André-Jean Bon, dit Saint-André, né à Montauban en 1749, mort à Mayence en 1813. Commerçant, marin, puis pasteur protestant à Castres et à Montauban. Consul à Smyrne, puis préfet du département du Mont-Tonnerre et commissaire général des départements de la rive gauche du Rhin, il mourut d'une maladie contagieuse qu'il avait contractée en soignant les soldats revenant de Russie.

CHAPITRE XI

LE DIRECTOIRE JUSQU'AU 18 FRUCTIDOR (27 OCTOBRE 1795
— 4 SEPTEMBRE 1797)

La Constitution de l'an III était mise en vigueur; les deux Conseils, les Cinq-Cents et les Anciens, allaient se réunir. En vertu des décrets des 5 et 13 fructidor, les deux tiers des membres dont ils se composaient avaient dû être choisis parmi les ex-conventionnels. « Nous ne pouvons pas sans danger, disait Carnot, confier le soin de soutenir la République à une majorité étrangère à sa fondation. »

Restait à organiser le pouvoir exécutif, qui, d'après la Constitution, devait être remis à un Directoire de cinq membres. Les Conventionnels réélus s'entendirent pour n'appeler au Directoire que des révolutionnaires marquants, c'est-à-dire ayant voté la mort du roi. Sieyès, Barras, La Revellière, Letourneur, Reubell, furent élus. Sieyès (1) devait cet honneur à sa renommée de politique

(1) SIEYÈS. — Emmanuel Joseph, né à Fréjus le 3 mai 1748, mort à Paris le 20 juin 1836. Il appartenait à l'Eglise, chanoine à Tréguier, puis vicaire-général à Chartres avec M. de Lubersac. Connu par son pamphlet : *Qu'est-ce que le Tiers-Etat?* puis par son rôle au 18 brumaire; effacé depuis et se contentant de la fortune qu'il avait su acquérir.

profond. Barras (1) était un Thermidorien, et en outre c'était lui qui, avec l'aide de Bonaparte, avait vaincu l'insurrection royaliste de vendémiaire. La Revellière (2) représentait la Gironde, dont il avait partagé la proscription au 31 mai. Reubell (3), ancien Montagnard, avait été le négociateur du traité avec la Hollande. Letourneur (4), officier du génie comme Carnot, avait fait partie du dernier Comité de salut public.

Cependant le nom de Carnot avait été mis en avant. Mais la majorité voulait écarter tous ceux qui avaient appartenu à l'ancien gouvernement. On connaissait d'ailleurs son intimité avec Letourneur, et on supposait qu'il le seconderait.

Mais Sieyès n'accepta pas. « Il ne voulait pas, disait-il, essuyer les plâtres. » Autrement dit, il était trop profondément égoïste pour se charger d'une tâche aussi pénible. Il était à craindre que le nouveau tiers fît passer un can-

(1) BARRAS. — Paul-François-Jean-Nicolas, comte de Barras, né à Saint-Amphoux (Var) le 30 juin 1755, mort à Chaillot le 29 janvier 1829. Il fut député du Var à la Convention et un des protecteurs de Bonaparte.

(2) LAREVELLIÈRE DE LÉPEAUX. — Louis-Marie, né à Montaigu (Vendée) le 25 août 1753, mort à Paris le 27 mars 1824. Sa vie politique finit en Fructidor. Il s'effaça volontairement et ne voulut pas servir Bonaparte.

(3) REUBELL. — Jean-François, né à Colmar le 8 octobre 1747, mort dans la même ville le 20 novembre 1807. Avocat bâtonnier de l'ordre en 1789, membre de la Constituante et de la Convention. Il rentra dans la retraite après le 18 brumaire.

(4) LETOURNEUR. — Charles-Louis-François-Honoré, né à Granville en 1751, mort à Laeken le 4 octobre 1817. Il était capitaine du génie en 1780. Il devint plus tard inspecteur général de l'artillerie et préfet de la Loire-Inférieure. L'ordonnance de 1816 l'envoya mourir en exil.

CARNOT EN COSTUME DE DIRECTEUR

d'après une miniature du temps,
appartenant à M. H. Carnot.

didat hostile. Le nom de Carnot parut seul propre à rallier une majorité. Carnot fut élu.

« En 1795, dit lord Brougham, Carnot accepta la direction de la guerre dans des circonstances aussi désastreuses que celles où il l'avait prise deux ans plus tôt en entrant au Comité de salut public. Si l'égoïsme ou la vanité avait trouvé place dans son âme, il se serait tenu à l'écart, laissant l'opinion publique juger par les faits que la fortune militaire de son pays dépendait de sa présence au gouvernement. Mais Carnot ne connaissait d'autre but que celui du patriote homme d'État, il répondit à l'appel national. »

Tel est sur Carnot à cette heure de sa vie politique le jugement d'un étranger. Et ce n'étaient pas seulement les difficultés de la guerre qu'il fallait envisager ; c'étaient les embarras à l'intérieur, la pénurie des finances, la désorganisation administrative, les menées des partis. L'ancien membre du Comité de salut public allait se trouver entre deux écueils, les ex-terroristes l'accuseront de royalisme, et les royalistes ne verront en lui qu'un buveur de sang. Il n'aura pour lui que sa conscience.

Les Directeurs se répartirent le travail. Carnot eut la guerre ; Letourneur la marine ; Barras la police ; La Revellière l'instruction publique et le bureau des arts et manufactures ; Reubell, les affaires étrangères, la justice et les finances. En outre ils découpèrent la carte de France en cinq vastes arrondissements où chacun se chargea de veiller au choix des agents de l'autorité.

Les ministres furent : Charles Delacroix aux affaires étrangères, Ramel aux finances, Merlin (de Douai) à la justice, Truguet à la marine, Benezech à l'intérieur, Aubert-Dubayet, puis Petiet à la guerre; Cochon à la police.

Carnot réorganisa immédiatement ses bureaux; il reprit ses anciens collaborateurs, Clarke et Dupont.

Les derniers mois de la Convention avaient été déplorables au point de vue militaire. Tous les avantages de la grande campagne révolutionnaire étaient compromis.

Sans doute la Prusse, la Hollande, l'Espagne, avaient abandonné la coalition; mais l'Angleterre, l'Autriche, la Sardaigne, les Etats secondaires d'Italie, se trouvaient toujours en armes contre nous. La fermentation n'avait pas cessé dans la Bretagne et la Vendée.

A la fin de vendémiaire, Jourdan avait passé le Rhin. Il s'avança jusqu'au Mein et prit position entre Hochstett et Cassel; par ce mouvement, l'armée couvrait le siège d'Ehrenbreitstein, confié à Marceau, et complétait, sur la rive droite du Rhin, l'investissement de la place de Mayence, bloquée de l'autre côté du fleuve par quatre divisions de l'armée de Rhin-et-Moselle. Le 11 octobre, Clerfayt, ayant traversé le Mein au-dessus de Francfort sans rencontrer la moindre opposition de la part du général prussien qui commandait le territoire neutralisé, marcha sur Bergen. Les Autrichiens manœuvraient pour dérober notre gauche, s'emparer de nos communications et nous couper du

Rhin; un engagement sérieux n'était pas acceptable dans la position très resserrée de Jourdan; il se mit en retraite, et, le 20 octobre, reprit ses anciens cantonnements sur la gauche du fleuve.

Clerfayt, poursuivant l'offensive, attaqua les lignes de Mayence, les força pendant la journée du 29 octobre, et, le lendemain, rejeta derrière la Pfrim l'armée qui les avait défendues. Jourdan se porta de Coblentz sur la Nahe; mais, tandis qu'il faisait ses préparatifs pour traverser cette rivière, il apprit la reddition de Manheim, la perte de la bataille de la Pfrim par Pichegru et la retraite de l'armée de Rhin-et-Moselle sur la Queich.

Il aurait été trop dangereux pour la droite de l'armée de Sambre et Meuse, de s'aventurer seule au delà de la Nahe; d'ailleurs, Jourdan avait la défense formelle de livrer une bataille sur la rive droite du Rhin. Il se replia et revint à ses positions de la Moselle.

Pichegru avait agi avec tant de lenteur et de maladresse, que, ne pouvant pas taxer d'incapacité le vainqueur de la Hollande, force était bien de se défier de lui. Ses grands services le défendaient; pourtant le mécontentement qu'inspirait sa conduite perça; il en prit de l'humeur et envoya sa démission. Une première fois elle fut repoussée; une seconde fois aussi; à la troisième, Carnot proposa de l'accepter. Pichegru vint à Paris, et se plaignit amèrement d'avoir été pris au mot. Mais on s'abstint de lui rendre un commandement : on se borna à rémunérer le passé en lui offrant l'ambassade de Suède ; et, sur son refus, on le laissa en repos avec conservation de son traitement. Moreau le remplaça à l'armée du Rhin.

Jourdan fut mandé à Paris, reçut du Directoire un accueil flatteur et des récompenses propres à stimuler son zèle et celui de ses soldats. Il s'en retourna porteur d'instructions pour la reprise de la campagne, d'accord avec l'armée du Rhin et celle d'Italie.

Scherer était à la tête de l'armée d'Italie. Les 22 et 23 novembre 1795 il avait remporté à Loano sur les Austro-Sardes une victoire signalée, mais il n'avait malheureusement pas su profiter de son succès. Carnot essaya de le sortir de sa torpeur ; il lui écrivit une lettre où se trouvait contenu de la manière la plus précise le plan de la campagne.

« A quel but voulons-nous parvenir dans le cours de cette campagne ? Quels moyens avons-nous d'y arriver ?

Quels sont les obstacles à vaincre ? La paix, une paix solide et honorable, voilà notre but ; une guerre vigoureuse et rapide, aidée de quelques négociations bien dirigées, voilà nos moyens ; une pénurie cruelle d'argent et de tout ce qui compose le matériel d'une armée, voilà les terribles obstacles qu'il faut vaincre. » Autrichiens, Piémontais, ennemis quelconques, avant tout il faut les attaquer et les mettre en déroute complète. Carnot recommande à Scherer de se faire livrer Gavi par la République de

BATAILLE DE LCANO.

Gênes, puis de marcher rapidement sur Tortone, Alexandrie et Valence : on séparera ainsi les Piémontais des Autrichiens, et on pourra, en lui promettant quelques avantages, amener le Piémont à traiter.

Scherer ne comprit rien et ne fit rien. Carnot le remplaça par Bonaparte, dont il avait deviné le génie, comme déjà auparavant il avait su découvrir la valeur de Hoche.

La campagne de 1796 allait s'engager cette fois sérieusement. Tandis que le général Hoche avec l'armée de l'Ouest pacifierait la Vendée, l'armée de Sambre-et-Meuse, l'armée de Rhin-et-Moselle, l'armée d'Italie, Jourdan, Moreau, Bonaparte, concourraient à l'exécution d'un même et vaste plan.

« Jamais dessein ne fut plus colossal dans sa conception, dit l'historien allemand Posselt; jamais aucun ne fut conduit plus heureusement dans son exécution. » L'empire d'Autriche, cette forteresse de l'ancien régime, devait être assailli à la fois par l'Allemagne et par la Lombardie; trois grandes armées n'en formant qu'une seule, ayant pour aile droite l'armée d'Italie, pour aile gauche celle de Sambre-et-Meuse, pour centre celle du Rhin, allaient marcher simultanément vers un même but, Vienne, la capitale de la coalition. La guerre allait se déployer sur un immense théâtre, de Cologne à Gênes, ou plutôt de la Hollande jusqu'à Rome; grâce à l'obstination de l'ennemi, la paix ne pouvait plus être que le prix de la conquête.

L'armée de Sambre-et-Meuse passa le Rhin de Dusseldorf à Neuwied, franchit la Lahn, la Nidda, le Mein, occupa Francfort, Wurtzbourg et Bamberg, et arriva sur la Naab, affluent du Danube, à une journée de marche de la Bohême.

L'armée de Rhin-et-Moselle passa le fleuve à Kehl, franchit la forêt Noire, traversa le Neckar, et arriva à Neresheim, sur la rive gauche du Danube. L'archiduc Charles attaqua à Neresheim et fut battu.

Mais Moreau se dirigeait sur le Lech. — L'archiduc Charles porta vingt-huit mille hommes à Ingolstadt, attaqua la droite de l'armée de Sambre-et-Meuse à Neumark, et la chassa de ses positions. Jourdan recula, arriva le 2 septembre à Wurtzbourg avec cinq divisions, engagea la bataille et fut vaincu. — Continuant sa retraite vers la Lahn, il rejoignit Marceau devant Mayence, et, le 20 septembre, repassa le Rhin après le combat d'Altenkirchen où Marceau fut tué.

Trois jours après, Jourdan quittait le commandement. Beurnonville le remplaçait.

Moreau était isolé en Allemagne. Après la bataille de Neresheim, il avait continué sa marche en avant et occupé Munich. Mais l'archiduc se reporta contre lui avec toutes ses forces Moreau battit en retraite et repassa le Lech. Il remonta la vallée du Danube pour rejoindre directement celle du Rhin par la route des villes forestières. Ses parcs, ses bagages, marchaient devant lui sans confu-

LE GÉNÉRAL FRANÇOIS-SÉVERIN DESGRAVIERS MARCEAU
Né à Chartres le 1er mars 1769, tué à Altenkirchen le 29 septembre 1796.

sion, et tous les jours ses arrière-gardes repoussaient bravement les avant-gardes ennemies. Le général autrichien Latour le suivait pas à pas. — Moreau, approchant du Val-d'Enfer par où il voulait se retirer, s'arrêta non loin de Biberach, se retourna sur Latour, à Biberach, sur un terrain montueux, boisé et coupé de vallées. — Abordant les positions de l'ennemi ou les tournant, il jeta Latour sur la Riss et lui fit quatre mille prisonniers. Il traversa alors le Val-d'Enfer, fit repasser sa gauche avec Desaix par Brisach et repassa lui-même par Huningue.

Les Français n'occupaient plus sur la rive droite du Rhin que le fort de Kehl et la tête de pont d'Huningue.

Ces deux positions furent perdues le 10 janvier et le 19 février 1797. — La campagne était manquée pour le moment, les grands coups allaient se frapper en Italie. — Mais, malgré cet insuccès, les armées d'Allemagne avaient pu retenir une partie des forces autrichiennes, et elles avaient ainsi concouru aux succès de Bonaparte.

La campagne d'Italie, 1796-1797, est peut-être la plus brillante de la carrière de Bonaparte. — Mais, sans lui enlever sa gloire légitime, il n'en est pas moins juste de reconnaître la part de Carnot dans le succès.

Après les premières victoires, Montenotte et Millesimo, Carnot adresse à Bonaparte ses félicitations ; puis il ajoute : « Attaquez Beaulieu avant que des renforts puissent le rejoindre ; ne négligez rien pour empêcher cette réunion...

Point de repos funeste. — Frappez, et frappez vivement. »

Le Piémont avait désarmé. « Quoique la masse des ennemis opposés à Bonaparte, dit Carnot, fût considérablement diminuée, il n'avait pas encore des forces suffisantes pour se promettre des succès décisifs contre l'empereur. Il demandait quinze mille hommes. Je formai le projet de lui en envoyer trente mille. Aussitôt les ordres sont donnés à l'armée de Rhin-et-Moselle et à l'armée de Sambre-et-Meuse de faire partir sans délai et le plus secrètement possible quinze mille hommes chacune pour l'armée d'Italie en les faisant filer le long de la Suisse sous différents prétextes. Jamais ordre ne fut exécuté plus ponctuellement, plus loyalement. Moreau, qui prévoyait la possibilité d'un pareil mouvement, tenait depuis longtemps un corps en réserve pour cet objet. »

Les lettres échangées entre Carnot et le général sont aussi importantes pour la connaissance des caractères que pour l'histoire des événements. « Je mériterai votre estime, dit Bonaparte, et vous prie de me conserver votre amitié. »

Les victoires se suivent : — Beaulieu, Wurmser, Alvinzi, sont battus tour à tour ; Mantoue succombe ; l'archiduc Charles, libre du côté de l'Allemagne, arrive à son tour et ne peut défendre l'entrée du Tyrol. « Je vous félicite de vos derniers succès, écrit Carnot, parce que c'est contre le prince Charles que vous les avez obtenus ; vous avez ainsi dissipé le prestige sur lequel les Autrichiens fondaient leurs nouvelles espérances. »

Cependant, le 9 septembre 1796, Jourdan était remplacé
par Beurnonville ; mais celui-ci ne faisait que passer pour

LE GÉNÉRAL VICTOR MOREAU

laisser le commandement à Hoche, qui venait de terminer
heureusement la guerre de l'Ouest. — Carnot l'avait annoncé

au Corps législatif : « Il est impossible de vous faire connaître par le détail combien est grande la reconnaissance que la patrie doit à l'armée des côtes de l'Océan et au brave général dont elle a si bien secondé les talents. » Aussitôt Hoche avait tourné contre l'étranger son activité et son génie ; une expédition fut projetée pour soulever l'Irlande, dix-huit mille hommes devaient partir de Brest ; ils mirent à la voile, la plus forte partie de l'escadre aborda dans la baie de Bantry ; mais le vaisseau qui portait le général en chef et l'amiral Morard de Galle ne put être rallié, et quand il arriva dans la baie, l'escadre était rentrée à Brest.

Ce fut alors (février 1797) que Hoche remplaça Beurnonville à l'armée de Sambre-et-Meuse. — Il ne voyait aucun obstacle qui pût l'empêcher d'avancer jusqu'au cœur de l'Allemagne. Volontiers il rêvait pour les provinces d'entre Meuse et Rhin, la constitution d'une république cis-Rhénane. — Lançant d'abord son aile gauche avec Championnet, par delà la Steg, il concentra le reste de son armée autour d'Andernach, passa le Rhin le surlendemain à Neuwied, et déboucha à portée de canon, devant les positions des Autrichiens. — Il chasse devant lui le général Kray, il s'empare de Wetzlar, et vainqueur en trois batailles et cinq combats, il marche pour enlever d'un coup l'armée ennemie quand il est arrêté à Giessen, sur les bords de la Nidda, par la nouvelle de la signature des préliminaires de Léoben.

Le 20 avril, Moreau avait passé le Rhin au-dessous de

Strasbourg, près de Kilstett. Grâce à son lieutenant Desaix, il battit l'armée autrichienne du Haut-Rhin et força le passage de la Renchen. — La signification des préliminaires l'arrêta. — Si cependant Bonaparte eût attendu Hoche et Moreau, les armées autrichiennes étaient rejetées sur Vienne et les conditions de la paix eussent été singulièrement changées.

Mais à l'intérieur il se produisait de graves difficultés. — Le Directoire avait eu à lutter d'abord contre les partis extrêmes. — Une conspiration s'était tramée pour arriver à remettre en vigueur la constitution de 1793 et rétablir le gouvernement révolutionnaire. Elle avait à sa tête le journaliste Babeuf, qui se faisait appeler Gracchus Babeuf et qui rédigeait, avec autant de violence que de talent, le *Tribun du Peuple.* Les ultra-révolutionnaires se réunissaient au club du Panthéon ; le Directoire le fit fermer, mais les ultra-révolutionnaires continuèrent leurs menées, ils recrutèrent des adhérents surtout dans la légion de police, composée en majeure partie de soldats qui avaient servi la commune de Paris. — Les mesures de réussite étaient simples : massacrer les directeurs et les ministres, expulser la majorité des conseils et créer un Comité de salut public plus dictatorial que l'ancien.

Le ministre de la police, Cochon (1), fut informé des

(1) Cochon de Lapparent. — Charles, né en Vendée le 25 janvier 1749, mort à Poitiers en 1825. Il était conseiller au présidial de Poitiers. Suppléant à la Constituante, député des Deux-Sèvres à la Convention. Proscrit en fructidor. Proscrit également en 1816, mais rappelé l'année suivante.

projets des conspirateurs. Il avertit les directeurs. Quatre
ne bougèrent pas. — Carnot présidait, il fut plus énergique,
il manda le ministre et lui indiqua la marche à suivre pour
se saisir à la fois de la personne des conjurés et de leurs
papiers. — Les arrestations furent opérées. — Les partisans de Babeuf essayèrent de gagner l'armée de l'intérieur
qui était campée dans la plaine de Grenelle, ils se portèrent
sur ce point au nombre de sept à huit cents, mais ils furent
dispersés à coups de sabre par le commandant Malo. Ceux
que l'on prit les armes à la main furent traduits devant un
conseil de guerre, qui en condamna un certain nombre à
la peine de mort. — La haute Cour jugea les conspirateurs; mais elle n'en condamna que deux à la peine capitale, Babeuf et Darthé.

Carnot voulait défendre la constitution aussi bien contre
un retour du royalisme que contre le parti anarchiste. Or, il
y avait à Paris une véritable agence royaliste qui avait à sa tête
l'abbé Brotier, l'ex-maître des requêtes Lavilleurnoy, et un
ancien officier de marine, Duverne de Presles. — Tous trois
furent arrêtés. Duverne révéla l'organisation de l'agence et
ses moyens de correspondance avec l'étranger. Mais la
réaction faisait alors tant de progrès qu'un procès pour
conspiration eût abouti à un acquittement. Les accusés
furent traduits sous inculpation d'embauchage devant un
conseil de guerre qui les condamna à mort; la peine fut
commuée en simple réclusion.

On était arrivé à l'époque des élections. D'après la Constitution, un tiers du Corps législatif devait être renouvelé, et l'un des cinq directeurs remplacé. C'était un moment critique. Cependant la situation était florissante; nos armées étaient victorieuses en Italie et le crédit se relevait; les factions ne pouvaient compter sur une lutte à main armée; et enfin dans les Conseils, malgré une certaine opposition, le pouvoir exécutif était assuré d'une majorité. Aussi les royalistes cachèrent-ils prudemment leur drapeau, ils se gardèrent bien de parler du rétablissement de la monarchie, ils se présentèrent comme partisans de la République modérée.

Cette manœuvre réussit. — Cependant ce n'était pas au point que l'on pût croire à un revirement complet. — Si Pichegru fut élu par ses compatriotes d'Arbois, c'était le conquérant de la Hollande que l'on voulait honorer, ce n'était pas le général qui trahissait la République pour l'or des Bourbons. Telle fut également la signification du vote qui l'appela à la présidence des Cinq-Cents. — Le choix de M. de Barbé-Marbois comme président des Anciens était plus significatif, comme celui des secrétaires, Siméon, Vaublanc, Henri Larivière; — l'apparition simultanée de ces noms hostiles à la République était un symptôme menaçant.

Restait à remplacer Letourneur au Directoire. Les candidats étaient nombreux, Beurnonville, Masséna, Kléber, parmi les généraux, le ministre de la police Cochon qui était appuyé par Carnot, et qui, tout en étant d'opinion modérée, se trouvait engagé dans la cause de la Révolution comme ayant voté la mort de Louis XVI ; enfin Barthélemy, le négociateur des traités de Bâle.

Les royalistes auraient voulu porter Beurnonville. Mais n'ayant nulle chance de succès, ils se rallièrent sur le nom de Barthélemy, dont ils calculaient la faiblesse. — Les Républicains purs repoussaient Cochon à cause de son intimité avec Carnot. — Barthélemy (1) fut élu.

La majorité du Directoire fut peu satisfaite de ce choix. Carnot, qui n'avait pas appuyé la candidature de Barthélemy, mais qui comptait sur son honnêteté, fut chargé, comme président, de lui souhaiter la bienvenue. — Il le fit en termes affectueux.

« Vous avez su, cher collègue, dans des temps difficiles, faire respecter la République au dehors, lui conserver d'anciens et fidèles alliés, et neutraliser la malveillance de ceux qui voulaient lui susciter de nouveaux ennemis. — Vos vastes connaissances et l'esprit de modération qui vous anime sont un sûr garant du succès avec lequel vous travaillerez avec nous au grand œuvre de la paix. »

Malheureusement, Barthélemy était incapable, et, comme on a pu le dire, son adjonction rendit Carnot moins fort que s'il fût demeuré seul.

(1) BARTHÉLEMY. — François, comte, puis marquis de Barthélemy, né à Aubagne (Bouches-du-Rhône) le 20 octobre 1747, mort à Paris le 3 avril 1830. Diplomate, transporté à Cayenne après le 18 fructidor, sénateur sous l'Empire et ministre d'État sous Louis XVIII.

La lutte des Conseils et du Directoire commença au sujet
des ministres. — L'opposition demandait le renvoi du

TALLEYRAND

ministre des affaires étrangères, Delacroix, et surtout du
ministre de la justice Merlin (de Douai). — Carnot voyait
avec peine cette intervention du Corps législatif dans les

attributions du Directoire; mais il estimait qu'il était utile de céder dans un but de conciliation. — Que valait, en effet, comme nombre, l'opposition avérée? Elle représentait au maximum deux cents membres sur sept cent cinquante; il eût donc été possible, avec des concessions mutuelles, de constituer encore une majorité de gouvernement.

Tel ne fut pas l'avis de Barras, Reubell et Larevellière. Les deux ministres dont les Conseils demandaient le renvoi furent maintenus, les autres succombèrent; et c'est ainsi que l'on vit à la guerre l'incapable Scherer, et que M. de Talleyrand (1), l'ancien évêque d'Autun, se trouva, par la grâce de Barras, ministre des affaires étrangères.

Les Conseils poursuivirent plus énergiquement et plus malheureusement la lutte. Ils ne visaient à rien moins qu'à rendre le gouvernement impossible en enlevant au Directoire toute ressource financière.

Carnot, cependant, estimait que l'on pouvait sauver la situation en restant dans les voies de la légalité. — Que fallait-il? Rendre au gouvernement sa popularité. — Or, le meilleur moyen, c'était la paix.

C'est dans ce but qu'il pressa Bonaparte de signer les préliminaires de Léoben, comme il eût voulu que, sitôt les

----

(1) TALLEYRAND. — Charles-Maurice de Talleyrand-Périgord, prince de Bénévent, né à Paris en 1754, mort en 1838. Agent général du clergé, évêque d'Autun en 1788, ministre de la République, ministre de l'Empire, principal auteur de la Restauration des Bourbons en 1814, il fut, sous Louis-Philippe, ambassadeur à Londres. Il avait su servir sous tous les régimes et les abandonner quand son intérêt le voulait.

signatures échangées, le Congrès se réunit pour traiter.

Aux termes des préliminaires, l'empereur reconnaissait la République française; il admettait l'annexion de la Belgique, la constitution de la République Batave et de la République Cisalpine; il devait recevoir un dédommagement en Italie, au moyen des ci-devant provinces vénitiennes.

Le 18 avril 1797, les préliminaires étaient signés.

Carnot avait-il consenti à sacrifier Venise à l'Autriche, comme le fit Bonaparte au traité de Campo-Formio? Ses instructions à cet égard se trouvent contenues dans une lettre qu'il adressait à ce moment même au général Clarke, son ex-collaborateur, désigné comme plénipotentiaire adjoint à Bonaparte. — Ce qu'il veut, c'est la paix, et il faut pour l'obtenir des conditions acceptables par l'empereur. — Or, pour que la République Cisalpine puisse subsister, elle a besoin d'une augmentation territoriale, et Carnot y comprend Bologne, Ferrare, la Romagne et Venise « avec une langue de terre ferme suffisante pour assurer sa communication avec la partie continentale. » Le dédommagement ne portait donc que sur les provinces du territoire vénitien, et encore la République se bornait à déclarer qu'elle ne ferait nulle opposition à ce que l'empereur s'en emparât. Quelle différence avec le traité de Campo-Formio qui allait sacrifier Venise ! Mais à cette heure Carnot était proscrit.

Barras, Reubell, Larevellière étaient d'accord pour opérer un coup d'État qui, à les entendre, sauverait la République.

Le 18 fructidor arrivait.

CHAPITRE XII

Deux mois avant le coup d'État, Barras avait pris ses mesures. Des troupes étaient nécessaires, il demanda 12,000 hommes à Hoche, et sous prétexte de préparer une descente en Irlande, on les achemina vers la Ferté-Alais, à onze lieues de Paris. Mais la Constitution interdisait toute agglomération, tout stationnement de troupes à une distance moindre de dix myriamètres de Paris; la Ferté-Alais se trouvait dans la zone interdite; les Conseils réclamèrent.

Carnot était encore en fonction comme président du Directoire. Il persistait à essayer d'éviter une rupture, et dans un message aux Conseils il expliquait le fait par une simple erreur d'un commissaire des guerres. Hoche était venu lui-même à Paris. Carnot le manda par devant le Directoire et l'interrogea sévèrement sur ce mouvement que le ministère n'avait pas ordonné. Hoche avait cru que l'on agirait de vive force et que Barras s'était mis d'accord sur

tous les points avec la majorité directoriale. Il n'en était
rien, la bonne foi du général avait été surprise, Barras fut
assez lâche pour ne pas soutenir celui qu'il venait de compromettre.

Le message de Carnot avait été jugé insuffisant par les
Conseils, qui en avaient renvoyé l'examen à une commission. Leur mécontentement trouva encore une occasion de
se manifester. Les Directeurs avaient offert à Hoche le ministère de la guerre; les Conseils objectèrent que cette nomination serait illégale, le général n'ayant pas atteint l'âge
de trente ans prescrit par la Constitution. Hoche, dont la
nomination n'avait pas été publiée, s'empressa de refuser
et repartit pour son quartier général de Wetzlar.

La présidence de Carnot expirait le 5 fructidor ; Barthélemy devait lui succéder ; mais les Triumvirs s'arrangèrent
de manière à nommer Larevellière. Cette fois ils étaient
libres d'agir. Ils avaient voulu s'appuyer sur un mouvement
d'opinion dans les armées, et celles-ci avaient été sollicitées
à envoyer au Directoire des adresses de protestation contre
l'attitude des Conseils. La plus violente de ces adresses fut
celle de l'armée d'Italie. Or, Barras avait besoin d'un général pour effectuer le coup d'État. Il avait sondé Hoche :
Hoche se borna à envoyer au Directoire une somme de
50,000 fr. qui était la dot de sa femme. Barras demanda
un général à Bonaparte. Bonaparte envoya Augereau, nul-
lité politique, mais qui parlait le langage et partageait les
passions du faubourg Saint-Antoine. Augereau arriva et le

LE DIRECTEUR BARRAS

Directoire l'appela au commandement de la division militaire dans laquelle Paris était compris.

Le 17 fructidor, Carnot reçut une lettre dans laquelle on l'avertissait du coup d'État; il était à table, il ne laissa percer aucune inquiétude, et le dîner fini, il sortit en voiture avec son frère. Celui-ci l'engageait à ne pas coucher au Luxembourg; Carnot refusa : la garde du Directoire lui paraissait suffisante pour empêcher un coup de main.

Cependant, l'adjudant-major de service, Hiller, vint annoncer que des rassemblements composés en partie d'officiers réformés se massaient au jardin du Luxembourg; Carnot l'envoya chez Barras; puis il se mit au travail jusqu'à une heure du matin, et, accablé de fatigue, se jeta tout habillé sur son lit. Son frère Carnot-Feulins et son secrétaire Allent veillaient à l'entrée de l'appartement.

A trois heures du matin Hiller entrait chez Carnot avec une escouade de grenadiers de la garde; il plaça des factionnaires aux accès de l'appartement, et s'adressant à Carnot-Feulins, il lui dit que sa charge lui imposait un triste devoir et qu'il venait s'assurer de la personne du Directeur. Feulins fit un signe à Allent, et tandis que celui-ci prenait un flambeau et conduisait de pièce en pièce Hiller et sa troupe en leur faisant faire un long détour, Feulins courait réveiller son frère; tous deux descendaient dans le jardin particulier du Directeur, une double clef qu'il avait eu soin de se procurer en toute prévision, lui permit de passer dans le grand jardin ; il échappa ainsi et trouva un asile dans la famille de modestes ouvriers.

Barthélemy n'avait pas été aussi heureux : il est vrai qu'il aurait pu se mettre à l'abri en donnant sa démission ; Barras, dit-on, le sollicita de le faire, mais Barthélemy qui, déplorable politique, était un homme d'honneur, refusa énergiquement.

Carnot ne resta pas longtemps chez les braves ouvriers qui lui avaient donné asile. Il trouva un abri plus sûr chez un membre du conseil des Cinq-Cents, grand admirateur du coup d'État, mais honnête homme, M. Oudot. M. Oudot était Bourguignon comme Carnot, il avait été à l'École de droit le compagnon d'études des deux frères du Directeur. Ses opinions bien connues le mettaient à l'abri des soupçons.

Pendant que Carnot échappait ainsi à ses ennemis, le coup d'État était achevé, Pichegru et la commission des inspecteurs du Corps législatif n'avaient pris nulle mesure de défense.

Dans la nuit, le château et le jardin des Tuileries furent investis par 12,000 soldats et quarante canons. Les grilles furent forcées par les troupes d'Augereau. Un certain nombre de représentants s'étaient réunis dans la salle des Cinq-Cents. Un officier général vint les inviter à sortir : ils refusèrent, et le commandant de la garde du Corps législatif, Ramel, n'obéit pas à un ordre d'Augereau qui lui enjoignait d'évacuer les Tuileries. Mais les soldats que commandait Ramel paraissaient hésiter. — Augereau entra avec

son état-major, il fit arrêter Ramel et l'envoya prisonnier
au Temple avec ceux des représentants qu'on trouva aux

LE GÉNÉRAL PIERRE FRANÇOIS-CHARLES AUGEREAU

Tuileries. Un certain nombre des Anciens s'étaient réunis
le matin dans leur salle, ils en furent chassés par les sol-

dats; une trentaine se rendirent chez leur président, ils furent arrêtés par les gendarmes.

Les membres du parti favorable au Directoire se réunirent alors, ceux des Cinq-Cents à l'Odéon, ceux des Anciens à l'École de médecine. Les Directeurs leur adressèrent un message pour leur annoncer les mesures qu'il avait fallu prendre, disaient-ils, pour le salut de la patrie. Les restes des Cinq-Cents votèrent sans débat tout ce qu'on leur demandait et les Anciens suivirent cet exemple. Les élections de cinquante et un départements étaient annulées. Les deux directeurs Carnot et Barthélemy étaient condamnés à la déportation, et avec eux quarante-deux membres du conseil des Cinq-Cents et onze des Anciens. Le Directoire était complété par la nomination de Merlin (de Douai) et François (de Neufchateau).

Seize des condamnés à la déportation furent envoyés à la Guyane. Pichegru et Barthélemy réussirent à s'échapper par mer; les autres députés désignés, parmi lesquels Boissy d'Anglas (1), furent seulement détenus à l'île d'Oléron ou réussirent à se cacher.

Les vainqueurs, furieux de voir que Carnot leur échappait, poussèrent la persécution jusqu'à suspendre son traitement arriéré et à séquestrer ses biens. Carnot était

(1) BOISSY D'ANGLAS.—François-Antoine, né à Saint-Jean-Chambre (Ardèche) le 8 décembre 1756, mort à Paris le 20 octobre 1826. Il était avocat au Parlement quand il fut élu à la Constituante. L'un des chefs de la Plaine à la Convention. Plus tard rallié à Bonaparte. Pair de France libéral sous la Restauration.

membre de l'Institut. Il avait présidé à sa réorganisation
comme directeur, et, n'ayant pas voulu être compris dans
la première promotion faite par le gouvernement, il avait
été élu presque aussitôt en remplacement de Vandermonde.
Le ministre de l'Intérieur écrivit à l'Institut pour lui rappeler que les lois du 19 et du 22 fructidor déclaraient vacantes
toutes les places occupées par les victimes du coup d'État:
l'Institut était donc invité à donner un successeur à Carnot. Bonaparte fut élu, et il eut le tort d'accepter.

Quelques semaines s'étaient écoulées; la surveillance
était moins active; Carnot jugea qu'il pouvait quitter sa
retraite. On réussit à lui procurer un passe-port, il arriva
à Genève.

A Genève, Carnot se mit en pension chez des blanchis-
seurs. Mais au bout de quelques jours il était reconnu. Le
ministre résident du Directoire à Genève requit du Conseil
d'État l'arrestation de Carnot. Les magistrats cédèrent.
L'un d'eux, cependant, ne voulut pas laisser s'accomplir un
acte qui était une honte pour le pays. Il fit parvenir au
proscrit un billet : « Vous êtes dénoncé, partez sans perdre
une minute. » Et il lui donnait en même temps une lettre
d'introduction pour le bailli de Berne, M. de Bonstetten,
qui résidait à Nyon.

Carnot descendit aussitôt chez son hôtesse, se fit connaître et lui exposa l'urgence et la difficulté de la situation.
« Nous vous sauverons, » s'écria l'excellente femme. Puis
elle lui fit endosser une blouse, le coiffa d'un bonnet de

coton, lui fit charger un panier de linge sur les épaules ;
enfin le costuma si bien en garçon blanchisseur, qu'il sortit
de la maison et passa devant les espions sans être reconnu,
au moment où les soldats chargés de l'arrêter s'avançaient
pour cerner la maison.

Carnot se rendit à Nyon ; il y séjourna un mois, et il s'y
trouvait encore, lorsque Bonaparte y passa, revenant de
Milan pour aller à Rastadt. Carnot songea un instant à le
voir, puis changea d'avis, et il fit d'autant mieux qu'il
apprit quelques jours après que Bonaparte à Genève avait
fait arrêter le banquier Bontems sur le simple soupçon
d'avoir amené de Paris à Genève l'ex-Directeur. Carnot
laissa donc passer Bonaparte, et il illumina ses fenêtres
comme les autres, pour ne pas attirer l'attention.

M. de Bonstetten procura à Carnot un passe-port au nom
de Jacquier, et le proscrit se dirigea vers l'Allemagne. Il
se fixa à Augsbourg, puis dans un village des environs.
C'est là qu'il eut connaissance du rapport de Bailleul sur
le coup d'État de Fructidor, et qu'il composa sa réponse.

Carnot réfutait victorieusement les accusations gro-
tesques de Bailleul. Bailleul lui reprochait de s'être opposé
aux *propositions honorables des directeurs républicains* pour
la paix avec l'empereur.

« Si c'est moi qui ai empêché l'admission de leurs propositions honorables, les Directeurs ont dû renouveler ces
propositions quand je n'étais plus là : ils ont dû faire comprendre leurs nouvelles conditions dans le traité définitif

BONAPARTE.

de Campo-Formio. Où sont ces conditions? Le traité de Campo-Formio ne vaut pas les préliminaires de Léoben.

« J'avais certainement tort de dire que ces Directeurs républicains voulaient opprimer l'empereur : il s'en faut de beaucoup qu'ils l'aient opprimé. — Après avoir résisté cinq mois à la conclusion d'un traité avantageux pour la République, ils ont fini par en conclure un qui rend l'empereur plus puissant qu'il ne le fut jamais, et tel qu'on aurait pu le faire si l'empereur avait été constamment vainqueur en Italie. Les Directeurs ne voulaient point la paix..... Je n'ai point usé du long exercice du pouvoir qui m'a été confié pour amasser des richesses, pour élever mes parents aux emplois lucratifs : mes mains sont nettes et mon cœur est pur. Je ne cesserai de tourner mes regards vers ma patrie : personne n'a le droit de me dépouiller de la qualité de citoyen que m'a donnée la Constitution, que j'ai méritée par mon amour pour elle, par mon zèle à la servir. Je ne reconnais point des actes arbitraires, ni l'œuvre de la tyrannie : je demande un jugement régulier et constitutionnel, et je ne crains ni la sévérité des juges ni l'exaltation des jurés; quels qu'ils soient, les uns et les autres, je suis sûr d'être aussi républicain qu'eux... Mon seul crime est d'avoir voulu empêcher que le peuple français eût des tyrans. J'ai dû échouer dans ce projet, parce que je n'ai voulu opposer que les moyens autorisés par la Constitution dont le dépôt m'était confié. »

Les événements se précipitèrent, le Directoire entassait

fautes sur fautes. Pendant qu'il se débarrassait de Bonaparte en l'envoyant en Égypte, le traité de Campo-Formio était rompu; la campagne de 1799 s'ouvrait par des revers; les armées françaises étaient repoussées en Allemagne; une suite de désastres nous faisait perdre l'Italie. Les défaites ne s'arrêtaient que sur deux points, avec Masséna à Zurich, avec Brune à Bergen et à Kastrikum. A l'intérieur, l'anarchie était complète, le gouvernement ne se maintenait que par des coups d'État.

En l'an V, le Directoire avait cassé les élections des royalistes; en l'an VI il cassa les élections des patriotes; puis, à leur tour, les conseils firent un coup d'État et enlevèrent par force la démission de trois des Directeurs.

Le Directoire était tombé si bas que sa chute paraissait seule pouvoir sauver la République. Bonaparte était revenu d'Égypte. Le coup d'État du 18 brumaire allait anéantir la Constitution de l'an III, si tant est qu'elle existât encore. Quand on criait au respect de cette Constitution, Bonaparte était en droit de répondre : « La Constitution! Vous l'avez violée au 18 fructidor! elle ne peut plus être pour nous un moyen de salut parce qu'elle n'obtient plus le respect de personne. »

Bonaparte usurpait le pouvoir; mais les premiers coupables, c'étaient ceux qui l'avaient usurpé en fructidor.

CHAPITRE XIII

LE CONSULAT. — CARNOT, MINISTRE DE LA GUERRE.
MARENGO

Lorsque le gouvernement consulaire se trouva définitivement installé, il se produisit dans les esprits un mouvement général en faveur des proscrits de fructidor. Bonaparte décréta leur rappel. Carnot rentra à Paris.

Bonaparte voulait utiliser ses services, et comme on réorganisait l'administration militaire, les consuls proposaient à Carnot la place de premier inspecteur avec la présidence du conseil. Carnot hésitait. Il consentit cependant sur cette observation de Clarke que son refus pourrait être considéré comme une bouderie d'orgueil froissé.

Quelques mois plus tard, Bonaparte faisait offrir à Carnot le portefeuille de la guerre. Il lui envoya Lebrun (1) son

(1) LEBRUN. — Charles-François, duc de Plaisance, né à Saint-Sauveur le 1er mars 1739, mort à Saint-Mesme (Seine-et-Oise) le 16 juin 1824. Il avait été le secrétaire et l'ami de Maupeou. A la Constituante il fut le rapporteur de la plupart des lois de finances. Troisième consul après Brumaire. Plus tard gouverneur général de Gênes, puis de la Hollande.

collègue, plus tard duc de Plaisance. Carnot répondit franchement que, vu l'état de désorganisation où se trouvait le ministère, il fallait, pour y rétablir l'ordre, une grande liberté d'action, et qu'il craignait de n'avoir pas cette liberté. « Le premier consul comprendra parfaitement que j'ai acquis assez rudement une réputation d'administrateur pour ne pas la risquer dans une entreprise qui offre de médiocres chances de succès. » Lebrun répondit qu'il avait fait trop de sacrifices à la chose publique pour refuser celui qu'on demandait. « Si les affaires de la guerre étaient en bonne situation, c'est un cadeau qu'on vous offrirait ; aujourd'hui c'est une charge que vos concitoyens imposent à votre patriotisme, parce qu'ils pensent, et le premier consul et nous tous, nous pensons que vous seul pouvez réparer le désordre et le délabrement. » Puis il l'entraîna chez Bonaparte qui le remercia avec effusion et lui promit de le laisser entièrement maître du terrain. Berthier céda donc à Carnot le ministère et alla prendre le commandement de l'armée de réserve (2 avril 1800).

La tâche était lourde. Berthier (1), qui fût un admirable chef d'état-major, n'avait ni assez de fermeté, ni des vues

(1) BERTHIER (Louis-Alexandre), prince de Wagram et de Neufchatel, né à Versailles en 1753, mort à Bamberg (Bavière) en 1815. Il avait fait la guerre d'Amérique, fut chef d'état-major de Luckner, puis de l'armée d'Italie ; créé maréchal de l'empire, il épousa une nièce du roi de Bavière. Aux Cent Jours il s'était sauvé à Bamberg ; comme il était à sa fenêtre, six hommes masqués entrèrent dans sa chambre et le jetèrent dans la rue, où il fut relevé mourant.

assez larges pour d'aussi graves fonctions. L'armée de
réserve n'existait pas, il fallait la créer ; et l'ennemi publiait
partout qu'elle ne pourrait être sur pied avant le mois
d'août. Elle fut créée cependant, et le 29 mai Bonaparte

BERTHIER

pouvait la passer en revue à Genève. — On avait annoncé
qu'elle se formerait à Dijon. Mais tandis que l'on y réunis-
sait seulement quelques bataillons, les troupes étaient amas-
sées de tous les points de la France et échelonnées de Lyon
à Genève. Vingt jours avaient suffi.

Bonaparte avait tracé le plan de la campagne. Masséna, réduit à trente mille hommes, y compris le corps de Suchet, devait tenir sur Gênes et arrêter les efforts de l'armée autrichienne de Mélas. Moreau passerait le Rhin, se porterait sur le maréchal Kray, le rejetterait sur le Danube et lui fermerait toute communication avec l'Italie. L'armée de réserve entrerait en ligne, fondrait sur l'Italie et frapperait le grand coup. Bonaparte naturellement se réservait ce rôle, Berthier n'était général en chef que pour la forme. Bonaparte commandait de fait.

Tandis que Masséna était coupé de Suchet, que celui-ci était rejeté sur le Var, et Masséna lui-même enfermé dans Gênes, Moreau entrait en campagne. Il avait devant lui l'armée de Souabe, cent vingt mille hommes de bonnes troupes, massés vers le milieu de l'angle que forme le Rhin de Strasbourg au lac de Constance, aux environs de Donaueschingen; cette armée avait sur l'ennemi qui tenterait de franchir le Rhin, l'avantage d'une concentration plus prompte et plus facile.

Bonaparte voulait que Moreau concentrât son armée de Strasbourg à Bâle et surtout de Bâle à Constance, trompât l'ennemi par de fausses démonstrations, puis franchît le fleuve sur trois ponts entre Schaffouse et Constance, à l'extrême gauche de Kray. Lecourbe, avec une réserve du quart des forces de Moreau, aurait gardé spécialement la Suisse et les passages communiquant avec l'Italie. Bonaparte serait alors arrivé, il eût rallié les vingt-cinq mille hommes de Lecourbe (1), et se portant sur les derrières de Mélas, encore occupé sur la rivière de Gênes, il l'eût enfermé entre son armée et celle de Masséna.

Au passage périlleux qu'indiquait Bonaparte, Moreau préféra un plan qui lui permettait d'utiliser les nombreux ponts que nous possédions sur le Rhin, et qui, échelonnant l'opération de Strasbourg à Schaffouse, attirait Kray sur le Bas-Rhin à travers la Forêt-Noire, tandis que lui-même jetterait le gros de son armée au-dessus du lac de Constance. Le passage du Rhin était, aux yeux de Moreau, une opération secondaire; la difficulté était de porter son armée par delà la Forêt-Noire, dont toutes les issues étaient gardées.

Le plan de Moreau fut adopté. Il divisa ses troupes en quatre corps. Le premier passa le Rhin à Strasbourg, le deuxième à Brisach, le troisième à Bâle. Le quatrième, avec Lecourbe, attendait à Schaffouse que le succès des premiers lui permît de marcher.

Le mouvement réussit. Kray, au lieu d'attendre nos troupes aux débouchés des défilés, y engagea une partie

(1) LECOURBE. — Claude-Joseph, comte Lecourbe, né à Lons-le-Saulnier en 1761, mort à Béfort le 23 octobre 1815. Il était fils d'un officier. Il se distingua à Hondschoote et à Wattignies, devint chef de brigade à Fleurus, et général de division en 1796. Il s'illustra dans la guerre de montagnes en 1799 et 1800. Après le procès de Moreau il fut rayé des cadres La première Restauration lui donna le titre de comte. Appelé par Ney aux Cent jours, il se rallia malgré lui à la cause de Napoléon et défendit la trouée des Vosges. Il mourut presque aussitôt.

de son armée pour disputer le passage. Moreau voulait éloigner à tout prix les Autrichiens de la Suisse et du Vorarlberg, pour dégager les avenues de l'Italie. Il porta Lecourbe à Stokach. Lui-même atteignit Kray à Engen et le battit, lui faisait cinq mille prisonniers. Le lendemain Kray est battu encore à Moerkirsch. Kray avait ses magasins à Biberach : il ne voulait pas les abandonner. Le général Gouvion-Saint-Cyr (1) l'attaqua et enleva Biberach. Le lendemain Lecourbe enlevait Memmingen, et Kray se retirait définitivement sur Ulm.

En quinze jours Moreau avait remporté quatre victoires. Il avait tué trente mille hommes à l'ennemi. Une marche sérieuse emportait le camp retranché d'Ulm, découvrait Vienne et forçait l'empereur à la paix, comme il le fut un an plus tard, après la victoire de Moreau à Hohenlinden. Mais Moreau avait promis de seconder le plan de Bonaparte en lui envoyant le corps de Lecourbe. Il s'y était engagé, il n'hésita pas.

Bonaparte cependant n'était pas sans inquiétude, et il crut devoir envoyer Carnot en personne; par ses anciennes relations avec Moreau, lui seul pouvait réussir.

Le ministre partit avec quelques personnes de confiance,

(1) GOUVION-SAINT-CYR. — Laurent, maréchal de l'Empire, né à Toul le 13 avril 1764, mort à Hyères le 10 mars 1830. Il était parent de l'aide de camp de Lafayette. Lieutenant de Moreau en 1800, et par suite mal vu, il ne fut pas compris dans la première promotion des maréchaux. Il n'eût le bâton qu'à la campagne de Russie. Est surtout connu par la loi de 1818, qui a gardé son nom, et qui organisa l'armée.

et arriva à l'armée au moment où se livrait la bataille de Biberach. Le canon grondait. En débouchant sur un plateau, d'où l'on pouvait dominer l'action, Carnot vit d'un coup d'œil que nous avions cause gagnée. Ses compagnons

PASSAGE DU MONT SAINT-BERNARD.

de voyage, jeunes militaires, voulaient presser le pas pour prendre part à la journée. Carnot au contraire le fit ralentir et leur dit : « La victoire est évidemment à Moreau ; notre présence ne serait d'aucune utilité. Mais les ennemis du général en chef s'empareraient peut-être d'une circonstance insignifiante pour diminuer la gloire qui doit lui revenir, en attribuant une part quelconque du succès à des conseils étrangers. Je ne veux pas que l'on puisse dire que le ministre de la guerre s'est trouvé une minute seulement auprès du général pendant le combat. Allons doucement; nous arriverons pour le féliciter. »

On marcha lentement en effet; on longea le champ de bataille, Carnot discourant avec ses compagnons, et leur faisant observer les habiles dispositions du général en chef. Il ne se rendit près de lui que quand l'affaire fut complètement terminée.

Moreau pressentait le but de la mission de Carnot; il se montra froid à l'abord; mais le ministre fit appel à son patriotisme, et il obtint tout ce que Bonaparte demandait. « Si nous pouvons contribuer au succès de l'armée d'Italie, notre tâche sera bien remplie. » Cependant Moreau garda Lecourbe, et ce fut Moncey (1), qui, par le Saint-Gothard, conduisit le corps de renfort à l'armée d'Italie.

Carnot revint par Lausanne, où il se rencontra avec le premier consul et lui annonça le succès de sa mission. Il vit défiler l'armée sur la route du Saint-Bernard. Bonaparte avait définitivement choisi ce passage. Il présentait de grandes difficultés, surtout pour l'artillerie. Elles furent

(1) MONCEY. — Bon-Adrien Jeannot de Moncey, duc de Conegliano, maréchal de France, né à Besançon le 31 juillet 1754, mort à Paris le 20 avril 1842. Il était le fils d'un avocat au Parlement. Il s'illustra dans les guerres des Pyrénées et d'Espagne. Appelé en 1815 à présider le conseil de guerre qui devait juger le maréchal Ney, il refusa, fut destitué, et quelque temps emprisonné à Ham.

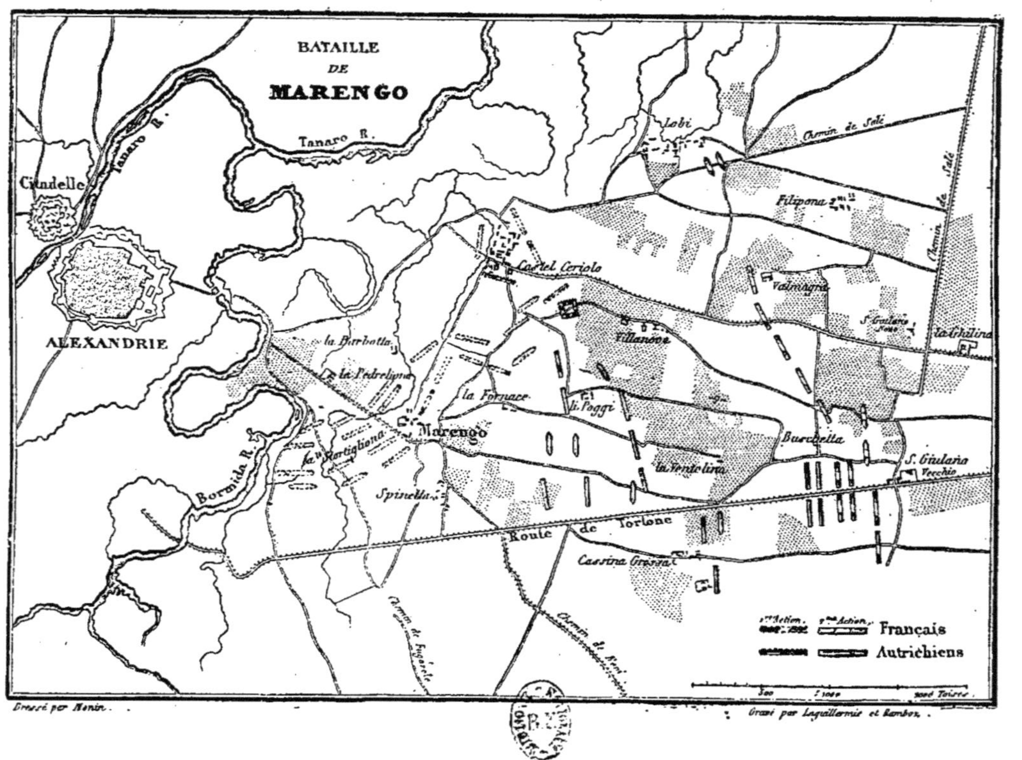

BATAILLE
DE
MARENGO
Tanaro R.
Citadelle
ALEXANDRIE
Lobi
Chemin de Sale
Filipona
Castel Ceriolo
Valmagra
S. Giulano Nuovo
la Ghilina
Villanova
la Barbotta
Di la Pedrelyna
la Fornace
li Poggi
Burchetta
S. Giulana Vecchio
C. Marengo
la Ventolina
la V. Rortigliona
Spinella
Bormida R.
Route de Tortone
Cassina Grossa
Chemin de Fugarolo
Chemin de Novi
Français
Autrichiens
Dressé par Monin.
Gravé par Laguillermie et Rambos.

heureusement surmontées. L'armée descendit sur l'Italie
comme un torrent. Les 45,000 hommes de Bonaparte rallièrent en route la division Chabran qui était venue par le
Petit-Saint-Bernard ; ils allaient faire leur jonction avec le

MORT DE DESAIX A MARENGO.

corps de Moncey, tandis que le général Turreau débouchait par le Mont-Cenis sur le flanc de l'ennemi avec
4,000 hommes. Toutes ces troupes formaient un total de
70,000 hommes, qui, combinant leurs opérations avec
celles de Masséna, pouvaient lutter à forces égales avec
Mélas.

Que fera Bonaparte? Marchera-t-il sur Gênes pour dégager Masséna réduit à la dernière extrémité? non. Il veut des coups de théâtre, il veut enfermer Mélas et l'anéantir. Il quitte donc la route de Gênes et se dirige vers Milan. Il sacrifiait Gênes, mais il s'emparait de la ligne du Pô, et il lui suffisait de se placer entre ce fleuve et l'Apennin pour couper la retraite à Mélas. En même temps que Bonaparte marche sur Milan, il fait occuper Pavie, Crème, Pizzighettone, Arona. Murat se porte sur Plaisance. L'armée se masse vers Stradella. De là Bonaparte s'avance au devant de l'ennemi dans la direction d'Alexandrie et Tortone, pour s'arrêter à San-Giuliano et à Marengo.

Mélas était resté à Alexandrie. Surpris par les événements qui venaient de se produire, il hésita longtemps, et finit par tenter de s'ouvrir un passage de vive force par la route de Plaisance. Il franchit donc la Bormida, et vint déboucher devant Marengo, où était établi le corps du général Victor. Le village fut attaqué avec fureur. Vers dix heures du matin il était emporté. Lannes, qui occupait la plaine entre Marengo et Castel-Ceriolo, reculait dans un ordre admirable, mais avec des pertes cruelles, quand Bonaparte arriva avec la garde consulaire, la division Monnier et deux régiments de cavalerie. Mais malgré des efforts héroïques, une partie de nos troupes se repliait vers San-Giuliano, une autre partie sur Salo. Mélas, exténué de fatigue, et sûr de triompher, rentra dans Alexandrie, envoya des courriers pour annoncer la bonne nouvelle, et laissa à son chef d'état-major, M. de Zach, le soin d'achever la défaite des Français.

Tout allait changer de face. Il était trois heures après-midi. A ce moment Desaix (1) débouchait sur le champ de bataille. Il était arrivé la veille de l'armée d'Egypte ; Bonaparte lui avait donné le commandement de la division Boudet et l'avait dirigé sur Novi. Au bruit du canon il revient en toute hâte sur San-Giuliano ; il reconnaît au premier coup d'œil que la bataille est perdue, mais il ne désespère pas d'en gagner une nouvelle, qui réparerait la première. Il lance ses troupes en avant; Marmont réorganise ce qui nous reste d'artillerie. Desaix tombe, frappé d'une balle au cœur; mais Kellermann (2) engage sa cavalerie, dont l'impétuosité est telle que la colonne autrichienne est rompue. Les Autrichiens reculent, se débandent; c'est une panique sans exemple. La victoire nous restait. Mélas atterré signa l'armistice d'Alexandrie.

Telle avait été la bataille de Marengo. Laissons à Bonaparte la gloire de la conception. — Mais pour cette victoire

(1) DESAIX. — Louis-Charles-Antoine Desaix de Veygoux, né au château d'Ayat (Puy-de-Dôme), en 1768, d'une famille noble d'Auvergne. Tué à Marengo. — Lieutenant de Moreau en 1796, il fit la campagne d'Egypte et gagna sur Mourad-Bey la bataille de Sediman.

(2) KELLERMANN. — François-Etienne, fils du général qui s'illustra à Valmy. Né à Metz en 1770, mort en 1835. Aide de camp de son père à l'armée des Alpes, adjudant général en Italie, il prit part à toutes les guerres jusqu'à Waterloo.

deux faits nous restent acquis : Carnot la prépara, Desaix la gagna.

Après son entrevue à Lausanne avec Bonaparte, Carnot était revenu à Paris et avait repris son travail d'administrateur. Il réunit dans un même bâtiment les archives de la guerre, dispersées jusque là au Dépôt des Lois et aux Invalides. Il déploya contre tous les abus, contre tous les coupables, une fermeté qui ne se démentit jamais. Il approuva hautement la rigueur de Moreau chassant de son armée un général de division et faisant fusiller un commissaire des guerres pour des actes d'improbité. — Il se préoccupa enfin de faire récompenser par le gouvernement tous les actes de dévouement ou de bravoure.

Ce fut ainsi qu'il proposa aux Conseils de délivrer à La Tour-d'Auvergne un sabre d'honneur et de lui conférer le titre de premier grenadier de la Répuplique. — La lettre qu'il écrivit à ce sujet à La Tour-d'Auvergne mérite d'être rappelée en entier.

« En fixant mes regards sur les hommes dont l'armée s'honore, je vous ai vu, citoyen, et j'ai dit au premier consul : La Tour-d'Auvergne-Corret, né dans la famille de Turenne, a hérité de sa bravoure et de ses vertus. C'est l'un des plus anciens officiers de l'armée ; c'est celui qui compte le plus d'actions d'éclat ; partout les braves l'ont nommé le plus brave. Modeste autant qu'intrépide, il ne s'est montré avide que de gloire et a refusé tous les grades. — Aux Pyrénées-Orientales, le général commandant l'armée rassembla toutes les compagnies de grenadiers, et, pendant le reste de la guerre, ne leur donna point de chef. Le plus

LA TOUR-D'AUVERGNE.

ancien capitaine devait commander; c'était La Tour-d'Auvergne, et bientôt son corps fut nommé par les ennemis la colonne infernale.

« Un de ses amis n'avait qu'un fils, dont les bras étaient nécessaires à sa subsistance; la conscription l'appelle. —

La Tour-d'Auvergne, brisé de fatigues, ne peut travailler, mais il peut encore se battre. — Il vole à l'armée du Rhin, remplace le fils de son ami, et pendant deux campagnes, le sac sur le dos, toujours au premier rang, il est à toutes les affaires, il anime les grenadiers par ses discours et son exemple. — Pauvre, mais fier, il vient de refuser le don d'une terre que lui offrait le chef de sa famille. — Ses mœurs sont simples, sa vie est sobre; il ne jouit que du modique traitement de capitaine à la suite, et ne se plaint pas.

« Plein d'instruction, parlant toutes les langues, son érudition égale sa bravoure. On lui doit l'ouvrage intéressant intitulé : *les Origines gauloises.*

« Tant de vertus et de talents appartiennent à l'histoire; mais il appartient au Premier Consul de la devancer.

« Le Premier Consul, citoyen, a entendu ce récit avec l'émotion que j'éprouvais moi-même; il vous a nommé sur-le-champ premier grenadier de la République, et vous décerne un sabre d'honneur.

« Salut et Fraternité.

« CARNOT. »

« Ce brevet d'honneur est un brevet de mort, citoyen ministre, dit La Tour-d'Auvergne à Carnot quand il vint le remercier ; maintenant je n'ai plus qu'à me faire tuer. »

La Tour-d'Auvergne fut tué peu après (1).

Le dernier jour de l'an VIII, les restes mortels de Turenne étaient transportés en grande pompe à l'hôtel des Invalides, où un arrêté consulaire avait décidé qu'ils reposeraient désormais. Carnot, comme ministre de la guerre, prononça le discours :

« Demain nous célébrons la fondation de la République ; préparons cette fête par l'apothéose de ce que nous laissèrent de louable et de justement illustre les siècles antérieurs. Ce temple n'est pas réservé à ceux que le hasard fit ou doit faire exister sous l'ère républicaine, mais à ceux qui, dans tous les temps, montrèrent des vertus dignes d'elle. — Désormais, ô Turenne, tes mânes habiteront cette enceinte ; ils demeureront naturalisés parmi les fondateurs de la République, ils embelliront leurs triomphes et participeront à leurs fêtes nationales.

« Elle est sublime, sans doute, l'idée de placer les dépouilles mortelles d'un héros qui n'est plus, au milieu des guerriers qui le suivirent dans la carrière et que forma son exemple. »

Carnot attendait la signature de la paix pour se retirer. Des froissements se produisaient, des intrigues se nouaient, des conflits éclataient au Conseil d'État. — Une première

(1) LA TOUR-D'AUVERGNE. — Théophile-Malo Corret de La Tour-d'Auvergne, né en 1793, tué à Obershausen. Il appartenait à la famille de Turenne. Il était capitaine avant la Révolution.

fois Carnot donna sa démission, Bonaparte la refusa dans les termes les plus élogieux.

« Les Consuls désirent, citoyen ministre, que vous continuiez les fonctions que vous exercez depuis six mois avec autant de zèle que d'utilité pour la patrie. Vous avez amélioré l'administration de la guerre ; mais il reste encore de plus grandes améliorations à faire ; il faut que votre ministère, quand vous le quitterez, ait tracé une marche d'économie et d'ordre dont l'influence se fasse longtemps sentir. »

Carnot resta, mais les intrigues continuèrent, un rapport désagréable pour le ministre fut fait au Conseil d'État et approuvé par Bonaparte. — Carnot le réfuta en quelques pages et y joignit cette lettre :

« Citoyens Consuls, je vous donne de nouveau ma démission. — Veuillez bien ne plus différer à l'accepter.

« Salut et respect. »

Carnot

Il adressa ensuite aux Consuls le compte financier de sa gestion, et il se retira.

CHAPITRE XIV

Sorti du ministère, Carnot s'était rendu à Saint-Omer, dans la famille de sa femme. — Il y passa un an, et se consacra tout entier à ses travaux de mathématiques. — Ce fut alors qu'il publia sa *Géométrie de position*. — Bossut ayant publié son *Cours de mathématiques*, Carnot lui écrivit pour lui soumettre des idées qui lui paraissaient utiles ; et, sur l'invitation même de Bossut, il composa un deuxième ouvrage avec des vues nouvelles sur la trigonométrie. — Carnot avait repris, dans ce livre, le titre de membre de l'Institut ; en effet une élection l'y avait rappelé, bien qu'il dût y rentrer de plein droit, la radiation de Fructidor n'ayant été qu'un acte à tous titres illégal.

Mais Carnot ne devait pas demeurer longtemps dans la vie privée ; au moment du renouvellement annuel du tribunat, les électeurs du Pas-de-Calais le portèrent sur la liste nationale, et, suivant l'expression très juste d'un historien, le Sénat ne put faire autrement que de le nommer. Il allait ainsi faire partie de cette petite phalange d'opposition qui marque le dernier point de séparation entre la liberté républicaine et le despotisme impérial.

On marchait au rétablissement du régime monarchique. Bonaparte voulut rétablir les anciennes distinctions honorifiques, il proposa aux Conseils la création de la Légion d'honneur. — Carnot s'y opposa.

« Sans doute c'est un grand avantage pour une nation de pouvoir payer avec une branche de chêne ou de laurier, avec des croix ou des rubans, les plus importants services qu'on puisse lui rendre. Mais si ces distinctions deviennent le prix de la flatterie, de l'espionnage, de services plus honteux encore, de quelle utilité pourraient-elles être bientôt pour cette nation? Qui voudra se dévouer aux plus dures privations pour les obtenir? Qui ira les chercher dans les camps, si on peut les ramasser à pleines mains dans une antichambre? »

La Légion d'honneur n'en fut pas moins créée.

La première distribution des croix n'eut lieu qu'en 1804. — Le tribunat était décoré en entier, les courtisans avaient les titres les plus hauts, Carnot fut simple chevalier.

La croix qu'il portait en avait-elle moins de valeur?

L'ambition de Bonaparte était insatiable. — Il voulait être Consul à vie, avec la faculté de désigner son successeur — c'était la monarchie, moins le mot. — Le vote avait lieu, un registre était ouvert; Carnot n'hésita pas : « Quand ce devrait être le signal de ma proscription, je vote Non. »

Les tribuns étaient effrayés, le premier Consul dans sa colère allait supprimer le Tribunat; on supplia Carnot d'effacer les premiers mots. — Il y consentit, et pour qu'il ne restât pas de trace de cette phrase que l'on estimait trop hardie, on fit un nouveau registre.

Le Consulat à vie était le prélude de l'Empire. — Le tribun Curée (1) proposa de proclamer Napoléon Bonaparte empereur des Français. — Carnot cette fois ne pouvait garder le silence :

« Je suis loin de vouloir atténuer les louanges données au Premier Consul... Mais, quelques services qu'un citoyen ait pu rendre à sa patrie, il est des bornes que l'honneur, autant que la raison, impose à la reconnaissance nationale. Si ce citoyen a restauré la liberté publique, s'il a opéré le salut de son pays, est-ce une récompense à lui offrir que le sacrifice de cette même liberté? Et ne serait-ce pas anéantir son propre ouvrage que de faire de ce pays son patrimoine particulier? »

Carnot ne se dissimule pas que son opposition n'a aucune chance de succès; il se résigne. « Je fis toujours profession d'être soumis aux lois existantes, même lorsqu'elles me déplaisaient le plus. Plus d'une fois je fus victime de mon dévouement pour elles, et ce n'est pas aujourd'hui que je commencerai à suivre une marche contraire. — Je déclare

(1) CURÉE (Jean-François), né près de Lodève, mort à Pézenas en 1835. Membre de la Législative, de la Convention, des Cinq-Cents, du Tribunat. Napoléon le fit en 1808 comte de La Bédissière.

donc tout d'abord que, tout en combattant la proposition
faite, du moment qu'un nouvel ordre de choses sera établi,
qu'il aura reçu l'assentiment de la masse des citoyens,
je serai le premier à y conformer toutes mes actions, à
donner à l'autorité suprême toutes les marques de défé-
rence que commandera la hiérarchie constitutionnelle. —
Puisse chacun des membres de la grande société émettre
un vœu aussi sincère et aussi désintéressé que le mien ! »

On verra plus tard les plus ardents parmi les courtisans
de l'empire se précipiter au premier rang de ses adver-
sàires. — Carnot restait fidèle à ses sentiments, il oubliait
l'homme, il ne connaissait que la France.

Fut-il seul dans cette opposition ? D'autres (il en fut jusqu'à quatre) ont revendiqué cet honneur — Pour eux il est
douteux ; pour lui ses paroles font foi. Mais il s'était
engagé à se soumettre à la loi, et la loi, c'était le régime
impérial. — Il se soumit, et il continua de siéger au Tribunat jusqu'au jour où l'Empereur crut devoir supprimer
cette pâle et triste image des libres assemblées républi-
caines.

Peu occupé par les questions politiques, il se reportait
vers les travaux de l'Institut. « Presque tous les mémoires
de mécanique soumis au jugement de la première classe
lui étaient renvoyés, dit M. Arago ; sa rare sagacité en
signalait, en caractérisait, en faisait ressortir les parties
neuves et saillantes, avec une clarté, avec une précision
remarquables ; — je pourrais citer tel auteur de machines

qui n'a véritablement conçu sa propre découverte qu'après avoir eu le bonheur de passer par cette savante filière. »

Cependant Carnot était sorti du pouvoir avec son patrimoine amoindri. Une entreprise industrielle s'offrit, elle pouvait avec le succès lui rendre au moins l'aisance, elle échoua, et il y compromit les restes de son avoir. Maret (1), duc de Bassano, Bourguignon, lui aussi, fut instruit de la pénible situation à laquelle Carnot se trouvait réduit. Il en parla à l'Empereur. Napoléon eut un moment de générosité. — « Il faut tirer Carnot d'embarras, s'écria-t-il ; mais on ne peut pas agir avec lui comme avec tant d'autres ; un cadeau serait refusé. » Le 17 juin 1809 il écrivait de Schoenbrunn au ministre de la guerre, Clarke, duc de Feltre : « Comme ancien ministre de la guerre, M. Carnot a droit à une pension de retraite. Présentez-moi un décret pour en fixer la quotité. »

Pourquoi, dans cette lettre qui était généreuse, Napoléon avait-il ajouté ces mots : « Quand M. Carnot n'aurait fait que débloquer Maubeuge, il aurait toujours *droit à ma reconnaissance.* » Comme si à cette grande époque le représentant du Comité de salut public avait songé au futur Empereur !

(1) Maret (Hugues-Bernard), duc de Bassano, né à Dijon en 1763, mort à Paris en 1839. Il créa le *Bulletin de l'Assemblée nationale*, qui fut fondu dans le *Moniteur*. Envoyé à Londres, puis à Naples, il fut arrêté par les Autrichiens et resta trois ans prisonnier. Secrétaire d'Etat. Proscrit en 1815, il rentra en 1830 ; il fut un moment président du Conseil sous Louis-Philippe.

Clarke prépara le décret qui fut également daté de Schoenbrunn, et qui assignait à Carnot une retraite de dix mille francs.

Napoléon estima que, même sous cette forme, il ne donnerait par toute satisfaction à la délicatesse de Carnot et il eut la pensée de lui demander un service en échange de sa pension. « Il faut s'occuper d'un ouvrage pour l'Ecole de Metz, écrivit-il au duc de Feltre... C'est un travail complet à faire, et je crois que Carnot sera très-propre à s'en charger. Le but doit être de faire sentir de quelle importance est la défense des places et d'exciter l'enthousiasme des jeunes militaires par de nombreux exemples. »

Sur l'invitation du duc de Feltre et d'après cette lettre, Carnot écrivit son traité *De la défense des places fortes*. Nous le verrons tout à l'heure en appliquer les principes à la défense d'Anvers.

Napoléon étant revenu d'Allemagne, Carnot crut devoir se rendre aux Tuileries pour le remercier de la pension qui lui était accordée. Sa présence dans les salons fit sensation. — C'était à qui s'écarterait le plus de l'homme que l'on considérait comme un ennemi du Maître. — Cependant Napoléon était informé de la présence de Carnot; il ouvrit brusquement la porte du salon, alla prendre par le bras celui que les courtisans dédaignaient, et l'emmena avec lui. — L'entretien dura longtemps. — Carnot voulait faire connaître à l'empereur ses idées sur la défense des places. — « Faites ce que vous voudrez; personne n'entend ces matières-là mieux que vous. » — Puis brusquement : — « Pourquoi ne rentreriez-vous pas au service ? » — Carnot allégua son âge. — « Vous n'êtes pas plus vieux que Berthier. — J'ai quinze ans de plus. Mes quinze ans de révolution comptent double. »

Napoléon reconduisit Carnot jusqu'à la porte du salon d'attente, et, cette porte ouverte, il lui dit, en appuyant sur les mots. — « Monsieur Carnot, tout ce que vous voudrez, quand vous voudrez, et comme vous voudrez. »

Et tous les courtisans de se précipiter vers Carnot avec autant d'ardeur qu'ils en avaient déployé à l'éviter deux heures auparavant.

Carnot resta dans sa retraite, occupé uniquement de l'éducation de ses enfants.

Mais pour l'Empire les beaux jours, les jours de triomphe, étaient finis. — La campagne de Russie détermina la chute du colosse, la campagne d'Allemagne montra l'édifice impérial prêt à s'écrouler. — Du fond de sa retraite Carnot s'épouvantait. — Il voyait un mal, le despotisme impérial, mais il pressentait un mal plus grand, la coalition fondant sur la France. — Il voyait la Patrie en danger. — Son devoir lui commandait de la servir.

Berthier, comblé des faveurs de l'empereur, Berthier devenu presque prince souverain, ne songera tout à l'heure qu'à sauver ses biens et ses honneurs.

Carnot, qui est resté simple citoyen, qui n'a ni titres, ni cordons, ni fiefs, ne songera qu'à la France !

CHAPITRE XV

LE SIÈGE D'ANVERS

Le 26 janvier 1814, Carnot se trouvait à la Bibliothèque de l'Institut; il venait de parcourir les journaux. — La France était envahie, les armées étrangères avaient franchi le Rhin. — Carnot se leva tout à coup, se promena quelque temps dans la salle, puis sa résolution étant prise, demanda du papier et écrivit la lettre suivante, qui est demeurée historique (1).

« Sire,

« Aussi longtemps que le succès a couronné vos entreprises, je me suis abstenu d'offrir à Votre Majesté des services que je ne croyais pas lui être agréables. —Aujourd'hui, Sire, que la mauvaise fortune met votre constance à une grande épreuve, je ne balance plus à vous faire l'offre du peu de moyens qui me restent. C'est peu de chose, sans doute, que l'effort d'un bras sexagénaire, mais j'ai pensé

(1) Nous la publions d'après l'original mis au jour par M. Etienne Charavay dans son *Inventaire de la collection Benjamin Fillon*, n° 2739.

que l'exemple d'un ancien soldat dont les sentiments patriotiques sont connus, pourrait, en ce moment de stupeur et
d'inertie, rallier à vos aigles beaucoup de gens incertains
sur le parti qu'ils doivent prendre, et qui peuvent se laisser
persuader que c'est servir leur pays de les abandonner.

« Il est encore temps pour vous, Sire, de conquérir une
paix glorieuse et de faire que l'amour du grand peuple
vous soit rendu.

« Je suis, avec un profond respect, de Votre Majesté,
le très humble et très obéissant serviteur et sujet
fidèle,

« CARNOT. »

L'avant-dernière phrase était hardie; Napoléon ne se
froissa pas. — « Dès que Carnot m'offre ses services, dit-il
au duc de Feltre, il sera fidèle au poste que je lui indiquerai.
Je le nomme gouverneur d'Anvers; c'est une des clefs de
l'Empire, notre arsenal maritime, et notre boulevard aux
frontières du Nord. Expédiez-lui ses pouvoirs sur-le-
champ, et dites-lui bien que je lui confie la première
place de France. »

Quand il s'agit de dresser les lettres patentes du nouveau gouverneur, les bureaux se trouvèrent en face d'une
difficulté assurément toute nouvelle. — Celui qui avait créé
et dirigé les 14 armées de la République, nommé les
généraux en chef et Bonaparte lui-même, n'avait d'autre
grade que celui de chef de bataillon, auquel il était parvenu

par ancienneté après sa sortie du Comité. — Carnot avait
fait la fortune militaire des autres, il n'avait oublié que lui-
même. Or il n'était pas possible de nommer un simple
chef de bataillon au commandement d'une place dans
laquelle étaient 22 officiers généraux. — Heureusement on trouva un moyen de tourner la difficulté. —
Carnot avait rempli les fonctions d'Inspecteur général aux
revues, et elles donnaient le rang de général de division.

On inscrivit donc ce titre sur le brevet du nouveau
gouverneur, et Carnot partit pour Anvers. — Il y arriva
le 2 février, après avoir traversé, la nuit, la ville de Gand
déjà évacuée par les troupes du général Maison.

Carnot succédait au duc de Plaisance, fils de l'ancien
Consul. — Le duc de Plaisance fut d'ailleurs obligé de
rester dans la ville, les routes étant fermées par l'ennemi,
et il fit partie du comité que Carnot organisa aussitôt.
Ce Conseil se composait, sous la présidence de Carnot,
de l'ancien gouverneur, de l'amiral Missiessy (1), commandant la flotte, du préfet maritime Kersaint, frère de
l'ancien conventionnel, de M. Savoye-Rollin, préfet du
département, des généraux de division Roguet et Ambert
et de plusieurs autres officiers généraux.

Outre ses richesses propres et son importance stratégique, la ville d'Anvers contenait un immense matériel

(1) MISSIESSY (Edouard-Thomas Burgues, comte de), né à Quiès en 1754,
mort à Toulon en 1832. Lieutenant de vaisseau à la Révolution, il devint
promptement contre-amiral, puis vice-amiral et préfet maritime à Anvers.

militaire et maritime, huit cents bouches à feu dans
l'arsenal et sur les remparts, vingt-trois bâtiments de
guerre dans les bassins et dix-sept sur les chantiers.

L'ennemi devait donc multiplier ses efforts pour s'en
emparer. — Trois armées la menaçaient, les Prussiens
avec le général de Bulow, les Anglais avec Graham, les
Suédois avec Bernadotte. — Carnot de son côté allait
pouvoir appliquer les principes qu'il avait développés dans
son livre *De la Défense des places fortes.*

Le duc de Plaisance, brillant officier de cavalerie,
avait multiplié les tentatives extérieures. — On venait de
perdre six cents hommes, tués, blessés ou prisonniers,
dans une pointe sur les villages de Merxem et de Deurne.
Carnot voulait ménager ses forces — Il n'avait que quinze
mille hommes, soit environ douze mille combattants. Or
son gouvernement s'étendait sur toute la défense de l'Escaut, c'est-à-dire aux forts de Batz et Liefkenshoek, à la
surveillance de Berg-op-Zoom, des îles de Cadsand, Wal-
cheren, Nord et Sud Beveland. — En principe Carnot n'admettait guère les grandes sorties méthodiquement opérées. L'ennemi est toujours prêt. Il préférait les petites
sorties irrégulières, imprévues. « Il faut, disait-il, opposer
toujours le fort au faible, et pour cela, surprendre l'ennemi, tantôt sur un point, tantôt sur un autre. »

Le 3 février, Carnot avait fait le tour des fortifications. A la position des Anglais il prévit que ceux-ci se
préparaient à bombarder l'escadre renfermée dans le

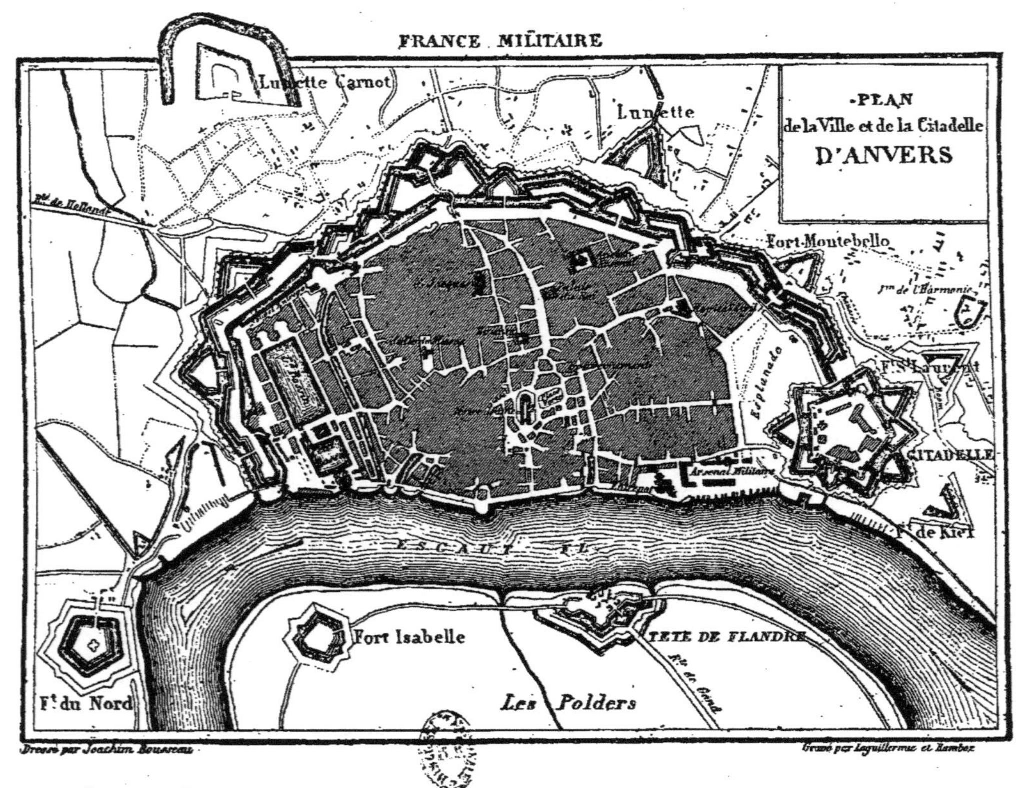
PLAN
de la Ville et de la Citadelle
D'ANVERS
Lunette Carnot
Lunette
Fort-Montebello
Jn de l'Harmonie
Pl de Hollande
F. St Laurent
Esplanade
CITADELLE
Arsenal Militaire
F. de Kiel
ESCAUT
Fort Isabelle
TÊTE DE FLANDRE
Rte de Gand
F. du Nord
Les Polders
Dressé par Joachim Bousseau
Gravé par Laguillermie et Rambez

bassin à flot, et il résolut de ne pas leur donner le temps d'achever leurs préparatifs. Il ordonna de tirer sur une maison qui masquait les batteries ennemies. — Les Anglais, se voyant découverts, firent pleuvoir sur le bassin une grêle de projectiles incendiaires. — Le résultat fut nul.

La nuit permit aux assiégeants d'établir de nouvelles batteries. — Ils se logèrent derrière la digue Ferdinand, dont l'élévation les couvrait contre les feux directs de la place. Mais le gouverneur et l'amiral avaient également pris les mesures de préservation nécessaires.

Le 4 février les canons de la place répondirent vigoureusement à ceux de l'ennemi, et démontèrent une partie de ses pièces.

Le bombardement dura 3 jours, pendant lesquels 40 bouches à feu envoyèrent 1,500 bombes et 800 boulets rouges. — Le 6 février l'ennemi se replia, les Anglais sur Rosendael, les Prussiens sur Lierre — le siège était converti en blocus.

Carnot compléta les défenses. — Merxem et Dam furent réoccupés; un fort s'éleva hors de la porte Rouge pour battre la digue Ferdinand et empêcher l'ennemi de s'y établir. — Une garde urbaine et des corps de pompiers furent organisés dans la ville; les approvisionnements furent également assurés.

La place était de plus en plus resserrée. — Il fut nécessaire de pousser de tous côtés des reconnaisances. — Le général Roguet fit une sortie heureuse sur Mortzelle. —

Le général Aymard, avec dix-huit cents hommes et deux
pièces de campagne, franchit l'Escaut, poussa jusqu'à
Hulst, et revint avec des approvisionnements de tout
genre. — Une tentative des Anglais sur Berg-op-Zoom
échoua.

Le Conseil de défense avait jugé nécessaire la démolition
des faubourgs de Saint-Willebrord et de Borgerhout afin
d'ôter à l'ennemi la faculté d'arriver à couvert jusqu'au
pied des remparts. Déjà une partie des habitants s'étaient
réfugiés dans la ville. — Leurs plaintes émurent le gouverneur, il visita les deux faubourgs et revint convaincu qu'on
pouvait, non seulement les défendre, mais les utiliser
comme postes avancés. — Il exposa son avis au Conseil;
l'opposition fut des plus vives; il la vainquit comme jadis à
Wattignies. — « Je prends tout sur moi. » — « On ne doit
pas démolir les faubourgs des places menacées d'un siège,
avait-il dit dans son traité; je regarde au contraire les
faubourgs comme des postes avancés qu'on peut défendre
très-longtemps, et dont la prise, quand elle a lieu, ne
mène pas l'ennnemi à quelque chose de bien important. »

Le blocus continuait. — Il fallut exiger un emprunt
forcé d'un million et créer une monnaie obsidionale. —
Les assiégeants de leur côté essayaient de séduire le
gouverneur en lui faisant pressentir un grand rôle à jouer.
— « Ce ne sont point les Français que nous combattons,
disait M. de Bulow… Votre Excellence se trouve aujourd'hui
dans une situation à faire un bien infini; — qu'elle prépare

le bien de la France, qu'elle s'immortalise en formant un
parti décidé à délivrer sa Patrie. Je me ferai un
devoir de la soutenir de toutes les manières. »

Carnot lui répondit :

« J'ai trop à cœur de conserver l'estime dont vous me
donnez le témoignage dans votre lettre pour ne pas défendre par tous les moyens qui sont en mon pouvoir le poste
honorable que m'a confié l'Empereur... Nos vœux sont
pour une paix honorable, que nous savons ne pouvoir
obtenir que par des victoires... Les défenseurs d'Anvers
ne gâteront pas l'ouvrage si heureusement commencé
par leur souverain. »

Mais les victoires de Sezanne et de Champaubert, aux-
quelles Carnot faisait allusion, n'avaient arrêté qu'un
moment la marche des alliés. — Le 26 mars le général
Maison, commandant le 1ᵉʳ corps d'armée, avait retiré
d'Anvers la garde impériale. — Bientôt le bruit se répandit
que Paris s'était rendu. — Le gouverneur voulut rassurer les esprits « Isolés comme nous le sommes du théâtre de tant de crimes et de dévastations, conservons jusqu'à
la fin l'attitude qui convient à un peuple loyal et fidèle. »

Le 10 avril un parlementaire suédois apportait à Carnot
une lettre de Bernadotte (1), devenu le Prince Royal de

(1) BERNADOTTE (Jean-Baptiste-Jules), prince de Ponte-Corvo, maréchal de
France, devenu roi de Suède et Norwège sous le nom de Charles-Jean XIV,
né à Pau le 26 janvier 1764, mort le 8 mars 1844. Beau-frère de Joseph
Bonaparte, il se trouva par cette raison désigné au choix des Suédois
comme Prince Royal. Il adhéra à la coalition et y gagna la Norwège.

Suède et l'un des chefs des armées qui envahissaient la France. — Bernadotte informait Carnot que le Sénat allait offrir la couronne à Louis XVIII et il lui proposait de remettre Anvers entre ses mains et de joindre ses troupes aux siennes.

« Quand le gouvernement sera définitivement et incontestablement établi, répondit Carnot, je m'empresserai d'exécuter ses ordres ; cette résolution ne peut manquer d'obtenir l'approbation d'un prince né français et qui connaît si bien les lois que l'honneur prescrit. »

Le 12 avril arrivait un aide de camp du général Dupont, ministre provisoire de la guerre. — Il faisait connaître les événements, l'abdication de l'empereur et la formation d'un gouvernement intermédiaire. Il demandait l'adhésion de Carnot.

Carnot communiqua les dépêches au Conseil de défense. Mais il ne crut pas devoir s'engager, et en répondant à Dupont, il rappela les invitations insidieuses de M. de Bulow et du prince royal de Suède. — « On ne peut, dit-il, regarder comme libres des actes émanés des grandes autorités pendant que l'ennemi est maître de la capitale.— Un ajournement jusqu'à plus ample informé nous paraît *être sans inconvénient. — C'est à l'empereur Napoléon* que nous avons fait notre serment de fidélité, nous devons le tenir jusqu'à ce qu'il soit démontré que son gouvernement a cessé d'être légitime. »

Le gouverneur d'Anvers ne se départit pas de cette

patriotique réserve. — Rien ne fut innové dans la forme des actes publics, non plus que dans les uniformes et les costumes. — Nulle autorité n'était reconnue, autre que celles qui existaient à son arrivée — Carnot arrêta par des mesures énergiques la désertion; il empêcha la lutte qui pouvait éclater entre ceux qui arboraient la cocarde blanche et ceux qui avaient juré de défendre l'Empereur.— Une proclamation fut adressée aux soldats. — « Nous sommes restés fidèles à l'empereur Napoléon tant qu'il ne nous a pas abandonnés... Il vient d'abdiquer un empire dont il ne pouvait plus tenir les rênes... Les descendants de Henri IV vont remonter sur le trône de leurs pères... Dans ces circonstances importantes, la garnison ne doit pas perdre de vue qu'elle n'a aucun vœu à émettre. — La force armée ne délibère pas, elle obéit aux lois et les fait exécuter. »

Le 18 avril une dernière proclamation termina la crise :

« Aucun doute raisonnable ne pouvant plus s'élever sur le vœu de la nation française en faveur de la dynastie des *Bourbons, ce serait nous mettre en révolte contre l'auto-rité légitime que de différer plus longtemps de la recon-naître.* »

Le 25 avril Dupont écrivait à *Carnot :*

« *Le traité qui vient d'être signé, mon cher général, va vous ramener parmi nous. La frontière de Vauban est reprise, et nous cédons de belles places de guerre... Ce que vous avez fait a été bien apprécié. La sagesse* et l'habileté sont inséparables de vos dispositions. »

Toutes les conquêtes de la République étaient sacrifiées par le traité du 23 avril qu'avait signé le comte d'Artois. Si avant cette date, Carnot eût ouvert aux alliés les portes d'Anvers, tout l'immense matériel qui s'y trouvait eût été perdu pour la France. Sa temporisation sauva l'arsenal et la flotte, dont au moins par le traité définitif un tiers nous demeura.

Le 1er mai, Carnot adressait ses adieux aux habitants d'Anvers, il n'avait pas voulu remettre lui-même aux mains de l'ennemi la place qu'il avait si bien défendue. Il remerciait les habitants des ressources qu'ils lui avaient offertes, comme de leur conduite franche et courageuse.

L'adresse d'Anvers répondait à cette proclamation : « Vous emportez l estime et la reconnaissance de presque tous les habitants de cette grande ville. »

Le faubourg de Borgerhout conserva le souvenir de celui qui l'avait sauvé de la ruine. Une pierre placée à l'entrée rappelait le fait. Elle disparut aux jours de la réaction. — Après 1830 elle fut rétablie aux frais de la ville. — L'inauguration eut lieu le 20 juin 1834, en présence d'une foule considérable, au milieu de laquelle figuraient l'ancien curé de Saint-Willebrord et l'ancien maire de Borgerhout.

Une plaque de marbre remplaçait la pierre de 1814 et elle portait ces mots gravés en lettres d'or :

« Au général Carnot, la ville d'Anvers reconnaissante. »

CHAPITRE XVI

Louis XVIII était remonté sur le trône. Saurait-il, après un exil d'un quart de siècle, comprendre la France nouvelle? Il était permis de le supposer, on se rappelait vaguement les quelques velléités libérales de celui qui avant la Révolution s'appelait le comte de Provence. Mais pourrait-il dominer son entourage et empêcher une réaction? Réaliserait-il ce mot que M. Beugnot a prêté au comte d'Artois: « Il n'y a rien de changé en France, il n'y a qu'un Français de plus? » Dans tous les cas, nul autre gouvernement n'était possible que celui des Bourbons, et les républicains eux-mêmes, tels que Grégoire, en convenaient. « Un bon citoyen doit se rappeler que Solon donna aux Athéniens, non les meilleures lois, mais celles qui étaient le mieux appropriées à leur caractère. »

Telles étaient également les dispositions de Carnot lorsqu'il revint d'Anvers. Il en donna la preuve en reprenant la croix de Saint-Louis; il fit plus, il parut aux Tuileries

un jour d'audience solennelle; mais il devait en rappor-
ter de tristes impressions. Le comte d'Artois lui adressa
des paroles insignifiantes sur l'abandon de la Belgique. Le
duc de Berry seul eut quelques mots généreux : « Vous
venez d'Anvers, général; vous commandiez là une belle
place; ce n'est pas votre faute si elle n'est pas restée à la
France. » Quant au roi, lorsque le nom de Carnot fut
prononcé, il affecta de détourner ses regards et les fixa
vers un angle du plafond.

« Cette famille-là n'est pas française, dit Carnot en
rentrant. Nous n'irons pas loin avec des gens qui ont gardé
toute la Révolution sur le cœur. »

Il n'aura que trop tôt raison, malheureusement pour la
France. Les fautes s'accumulent; l'armée est désorganisée;
des milliers d'officiers sont renvoyés en demi-solde; à leur
place on introduit dans les cadres les émigrés, ceux qui ont
combattu contre la France; on leur reconnaît les grades
qu'ils ont conquis en servant contre nos drapeaux. La
Charte avait promis la liberté de la presse : mais la censure
était rétablie. La Charte avait promis que les acquéreurs
de biens nationaux ne seraient pas inquiétés; mais on or-
ganisait contre eux une véritable croisade.

La prudence aurait conseillé à Carnot de se tenir à l'écart;
son patriotisme ne le permit pas. Il crut de son devoir de
donner à la Restauration un avertissement nécessaire; il
tenait à ce que l'expression de ses idées parvînt jusqu'au
pied du trône; il en modifia la forme première, et ce fut le

Mémoire au roi. « L'auteur, aurait dit Louis XVIII, ne nous a pas ménagés, mais l'ouvrage est d'un honnête homme et d'un bon citoyen. »

Le roi avait paru désirer que le Mémoire ne fût pas publié. Il le fut quand même, contre la volonté de l'auteur, et il eut un retentissement immense, ainsi que l'atteste le témoignage d'un publiciste allemand :

« Voilà, sans contredit, le plus important de tous les écrits politiques qui aient vu le jour en France depuis le retour des Bourbons; important surtout par les circonstances qui ont accompagné sa publication et par le nom de son auteur. Il ne faut pas considérer ce Mémoire comme une simple production littéraire, mais comme l'expression personnelle d'un citoyen haut placé, qui se sent appelé, en sincère patriote, à donner les conseils de sa raison et de son expérience à un gouvernement nouveau, chancelant, engagé dans des voies périlleuses; il accomplit ce devoir d'une manière digne de son passé, digne de sa courageuse loyauté. »

Le langage de Carnot était rude, il rappelait les fautes des royalistes. « Tous les crimes sont imputés aux révolutionnaires, disait-il; si on leur pardonne, c'est provisoirement, à la condition qu'ils reprendront les chaînes du passé. Et quelle fut donc, pendant les orages, la conduite de ceux qui vous rapportent ces chaînes ?

« Ont-ils bien le droit d'accuser les autres des maux qu'ils ont soufferts ?

« Ne serait-ce pas à eux-mêmes que conviendraient ces
noms d'assassins et de régicides qu'ils prodiguent à leurs
adversaires ? Et ne ressembleraient-ils pas à ces filous, qui,
pour détourner le soupçon de leurs personnes, crient au
voleur plus haut que les autres, pendant qu'ils cherchent
à se perdre dans la foule ? Quoi ! disent ces transfuges, ce
ne sont pas ceux qui ont voté la mort du roi qui sont les régicides ? Non, ce sont ceux qui ont pris les armes contre la
France, c'est vous-mêmes. »

Et plus loin :

« Si vous voulez paraître à la cour avec distinction, gar-
dez-vous bien de dire que vous êtes un de ces vingt-cinq
millions de citoyens qui ont défendu leur Patrie avec quelque courage contre l'invasion des ennemis : car on vous
répondra que ces vingt-cinq millions de prétendus citoyens sont vingt-cinq millions de révoltés ; que ces prétendus ennemis furent toujours des amis. Dites que vous
avez eu le bonheur d'être chouan ou Vendéen, ou trans-
fuge, ou Cosaque, ou Anglais, ou enfin, qu'étant resté en
France, vous n'avez sollicité des places auprès des gou-
vernements éphémères qui ont précédé la Restauration
qu'afin de les mieux trahir et de les faire plus tôt
succomber ; alors votre fidélité sera portée aux nues,
vous recevrez de tendres félicitations, des décorations,
des récompenses affectueuses...

« Les promesses du roi devaient rassurer tous les citoyens,
et cependant l'inquiétude plane sur eux ; elle plane sur

leur existence, sur leur honneur, sur leurs propriétés. On se défie de l'arrière-pensée d'un prince auquel en si peu de temps on a tant fait de fois éluder ses engagements. »

L'auteur du mémoire se refuse-t-il à toute réconciliation avec la royauté restaurée? Pas le moins du monde : « C'est dans la Charte constitutionnelle qu'il faut chercher le salut commun; elle contient assez de garanties pour nous sauver tous si nous ne souffrons pas qu'elle soit entamée. »

L'avertissement venait trop tard, la mesure était comble.

Le 26 février 1815 Napoléon quittait l'île d'Elbe; le 1ᵉʳ mars il débarquait dans le golfe Juan, sur la plage de Cannes. Rien ne put arrêter sa marche. Le 20 mars au matin il était à Fontainebleau.

Le *Mémoire au roi* avait fait à son auteur dans l'opinion une position si haute que Napoléon, sentant le besoin de donner des gages aux amis de la liberté, ne crut pouvoir mieux faire que d'appeler Carnot. De Fontainebleau il lui écrivit pour l'inviter à venir le voir dès son entrée aux Tuileries.

L'entrevue eut lieu le 21. Napoléon tendit la main à Carnot : « Je suis bien content de vous voir, monsieur Carnot, j'espère que nous ne serons plus ennemis. — Nous ne l'avons jamais été quand il s'est agi des intérêts de la France. »

Après une longue entrevue Carnot rentra chez lui. Le soir à dix heures et demie un message de l'empereur le

rappela. Sans préambule Napoléon lui dit : « Je vous ai
nommé ministre de l'intérieur. »

Carnot fut surpris : « Je ne saurais en ce moment rien
refuser à Votre Majesté, dit-il ; mais le poste que vous m'of-
frez est étranger à mes antécédents. Je serais plus utile à
la guerre.

— J'y ai songé, reprit Napoléon ; mais votre apparition
au ministère de la guerre semblerait annoncer à l'Europe
que j'ai l'intention d'engager une grande lutte, et vous savez que tous mes vœux sont pour la paix. »

Le lendemain paraissait le décret qui appelait Carnot
au ministère de l'intérieur.

CHAPITRE XVII

LES CENT JOURS. — CARNOT MINISTRE DE L'INTÉRIEUR

La présence de Carnot au ministère était un gage donné par l'empereur à l'opinion libérale. Carnot avait-il eu raison d'accepter? Lui-même se chargera de nous fournir la réponse : « Le besoin de défendre l'intégrité du territoire ne permet aucune hésitation. » — « Messieurs, disait-il un jour aux membres du bureau de la Chambre des représentants, notre maison brûle, aidez-moi à éteindre le feu; après cela comptez sur moi pour vous aider à réparer la maison. »

Lorsque plus tard, frappé par la proscription, il publiait l'Exposé de sa conduite politique, il revenait sur le même ordre d'idées : « J'ai accepté sans peine la place qui m'a été proposée par l'empereur parce que j'ai eu l'espoir de faire le bien. J'ai cru et je crois encore que Napoléon était revenu avec le désir sincère de conserver la paix et de gouverner paternellement... Je me suis flatté de voir nos désastres finis, de pouvoir faire tourner désormais les ressources de l'État au progrès de l'industrie, au soulage-

ment de la classe indigente, au perfectionnement de l'instruction publique... Je suis demeuré fidèle à l'Empereur
jusqu'à son abdication, je l'ai défendu avec un zèle extrême
parce que je ne sais pas défendre autrement et que j'ai cru
dans le chef de l'Etat défendre la Patrie. »

Aurait-il mieux valu que Carnot suivît à Gand le roi
Louis XVIII au milieu des ennemis de la France ? Aurait-il
mieux valu qu'il se jetât dans l'opposition, comme le fera
Lafayette au risque de désarmer la France devant l'invasion ? Sa place, la place d'un citoyen dévoué à son pays,
était aux Tuileries.

Mais cependant, quelles que fussent à cette heure les as-
pirations libérales de l'empereur, il ne pouvait se dégager
des errements du passé. Un beau jour Carnot recevait de
l'archi-chancelier Cambacérès une lettre par laquelle il
était informé que l'empereur lui avait concédé le titre de
comte. Carnot ne répondit pas, les lettres ne furent pas
expédiées et jamais il ne songea à se parer de ce titre. Il ne
protesta pas davantage ; cela n'en valait pas la peine, et il
ne voulait pas fournir une arme aux adversaires de Napoléon.

Le ministère de l'intérieur lui donnait des occupations
plus utiles. La période des Cent Jours a été une période de
liberté, et ce fut assurément l'impulsion de Carnot qui dirigea dans ce sens le gouvernement.

La presse ne rencontra nulle entrave. — La liberté individuelle fut respectée, et on ne pourrait pas signaler,

malgré les difficultés de la situation, une seule arrestation arbitraire. M. Lainé, qui avait pris à l'égard de l'empereur l'attitude la plus hostile, M. Lainé, qui avait été le rédacteur de l'acte de déchéance, resta tranquillement à Bordeaux, il n'eut pas la satisfaction d'être persécuté (1).

Le même esprit de libéralisme guidait Carnot dans l'organisation de ses bureaux. Quelques jours après son installation Carnot avait reçu de l'empereur un billet ainsi conçu : « monsieur le comte Carnot, je sais qu'un grand nombre de vos employés haïssent ma personne et mon gouvernement ; vous m'apporterez demain la liste de ceux qu'il faut chasser. » — Si cet ordre eût été exécuté à la lettre, il en fût résulté une véritable Saint-Barthélemy d'employés. Carnot se contenta de faire une enquête et de révoquer une douzaine de jeunes gens, tous volontaires royaux, connus par l'exaltation de leurs principes.

Si le ministre soutenait son personnel, en retour il exigeait du travail. Il ne multipliait pas les écritures ; toute affaire entamée devait être expédiée avant de passer à une autre. Lorsque le travail lui était apporté par un chef de bureau, il exigeait de celui-ci d'abord un rapport verbal,

(1) LAINÉ (Joseph-Henri Joachim, vicomte), né à Bordeaux en 1767, mort à Paris en 1835. Avocat en 1789, élu en 1808 au Corps législatif, revendiqua, en 1813, les garanties de liberté et les droits politiques. En 1814, président du Corps législatif devenu la Chambre des députés, il se retira à Bordeaux et protesta contre le rétablissement de l'Empire. Ministre de l'intérieur en 1816, il appuya l'ordonnance du 5 septembre. En 1830, il prêta serment, mais il ne prit plus la parole.

afin de s'assurer qu'il avait personnellement étudié l'affaire. Chaque division était tenue de fournir un bulletin hebdomadaire indiquant les questions en instance.

L'une des préoccupations les plus constantes de Carnot, c'était l'instruction publique. On en avait vu la preuve dans sa première mission aux Pyrénées. L'empire, en constituant l'Université, avait organisé l'enseignement secondaire et l'enseignement supérieur. Pour l'enseignement primaire rien n'avait été fait. Il y avait là une lacune d'autant plus fâcheuse que la constitution de la France reposait sur la souveraineté nationale, et le peuple ne peut être souverain s'il n'est instruit.

Telle fut la pensée qui guida le ministre, lorsque le 27 avril il adressa à l'empereur un rapport concluant à introduire en France la méthode de l'enseignement mutuel, qui était appliquée avec succès en Angleterre : « Comment appeler à l'instruction la classe la plus nombreuse de la société ?... L'instruction séparée de la morale ne ferait qu'éveiller de nouveaux besoins, il faut que la morale marche de front avec l'instruction. Or comment élever à la morale en même temps qu'à l'instruction le plus grand nombre d'hommes possible? Voilà le problème que l'empereur veut résoudre en fondant en France une bonne éducation primaire. Deux millions d'enfants réclament cette éducation. »

Le rapport de Carnot fut suivi d'un décret qui créa une commission d'enseignement élémentaire et une école d'essai d'éducation primaire organisée de manière à pouvoir servir de modèle et à devenir école normale pour former des instituteurs.

La commission fonctionna, l'école fut ouverte : et le ministère de Carnot ne dura que trois mois ! L'école atteignit le chiffre de trois cents élèves, elle dura jusqu'au jour où un général prussien s'empara du local pour y loger ses chevaux.

Au même ordre d'idées se rattache une autre création, le conseil d'industrie et de bienfaisance. Les sciences, les arts, l'industrie, s'associaient pour une œuvre de philanthropie. Monge, Berthollet (1), Chaptal (2), figuraient dans ce conseil avec le duc de Larochefoucauld-Liancourt, et dans la première séance, le duc de Larochefoucauld présenta un mémoire sur la réforme des hôpitaux et sur les moyens d'éteindre la mendicité (3).

En remontant sur le trône impérial, Napoléon avait promis la liberté. L'empire devait changer de voie, il fallait effacer jusqu'aux dernières traces du despotisme

(1) BERTHOLLET (Claude-Louis, comte), né à Tailloire, près d'Annecy, en 1748, mort à Arcueil en 1822. *L'un des créateurs de la chimie.* Membre de l'Institut d'Egypte.

(2) CHAPTAL (Jean-Antoine), comte de Chanteloup, né à Nogaret (Lozère), en 1756, mort le 30 juillet 1832.

(3) LA ROCHEFOUCAUD-LIANCOURT (François-Alexandre-Frédéric, duc de), né en 1747, mort en 1827. Président de l'Assemblée des notables du Soissonnais. Membre de la Constituante. Réfugié ensuite en Angleterre, puis aux Etats-Unis, il revint après le 18 brumaire. Il fut le créateur de la première Ecole d'arts et métiers.

d'auparavant. Il était donc nécessaire de promulguer une constitution nouvelle. Carnot aurait désiré que l'on se bornât pour l'instant à quelques principes essentiels, le reste serait venu plus tard avec le concours des Chambres. Mais, tout en acceptant de modifier son gouvernement, Napoléon n'entendait pas effacer le passé, et de là naquit l'idée malencontreuse d'intituler la Constitution nouvelle Acte additionnel aux constitutions de l'Empire. C'était rappeler des sénatus-consultes justement détestés. Le ministre de l'intérieur avait essayé de combattre cette opinion de l'Empereur, mais ce fut inutilement. Napoléon ne tarda pas à s'apercevoir lui-même de la faute qu'il avait commise. L'Acte additionnel fut mal accueilli. Quand il fut soumis à la ratification du peuple, les trois quarts des électeurs s'abstinrent de voter.

Il n'y eut pas beaucoup plus d'empressement pour la nomination des membres de la Chambre des représentants. Les élections se firent en toute liberté, le gouvernement n'exerça aucune pression, malgré l'avis contraire qu'avait essayé de faire prévaloir le duc d'Otrante (1); car Napoléon avait eu le tort de rappeler ce triste personnage au ministère de la police, tout en sachant qu'il le trahissait.

La Chambre des représentants se réunit le 7 juin; la

(1) Fouché (Joseph), duc d'Otrante, né près de Nantes en 1767, mort à Trieste en 1820. Élève des Oratoriens, il se livra à l'enseignement, mais sans entrer dans les ordres. Il était préfet des études à Nantes quand il fut nommé à la Convention. — Ministre de Napoléon, puis ministre de Louis XVIII, bien qu'il eût voté la mort de Louis XVI.

plupart des députés arrivaient avec un esprit d'opposition marquée, on se méfiait de l'Empereur. Lorsqu'il s'agit de l'élection du bureau, l'opposition se manifesta : Lanjuinais (1) fut élu. Napoléon fut irrité de ce choix, il voulait même refuser sa sanction, comme la Constitution lui en donnait le droit. Carnot l'en détourna : « Qu'allez-vous faire? La popularité de Lanjuinais se fonde sur une renommée de courage et de vertu; un pareil refus compromettra la vôtre gravement. » Lanjuinais, de son côté, hésita à accepter la présidence; ce fut encore Carnot qui triompha de sa résistance.

Napoléon n'avait pu se faire illusion sur les dispositions des alliés. Dès le 13 mars les puissances déclaraient que Napoléon Bonaparte s'était placé hors les relations civiles et sociales et que, comme ennemi et perturbateur de la paix du monde, il s'était livré à la vindicte publique.

L'armée anglo-hollandaise commandée par Wellington, l'armée prussienne sous les ordres de Blucher, se réunissaient en Belgique, prêtes à prendre l'offensive dès que les Autrichiens et les Russes seraient sur le Rhin.

Napoléon dut se préparer à la lutte. Deux plans pouvaient être adoptés : manœuvrer en s'appuyant aux murs de Paris, en laissant les alliés entrer en France, ou prendre l'offensive et tomber sur l'armée la plus voisine avant l'entrée en ligne des autres corps ennemis. Napoléon se décida

(1) LANJUINAIS (Jean-Denis, comte), né à Rennes en 1757, mort à Paris, en 1827. Fit partie de la Gironde. Libéral sous la Restauration.

pour l'offensive immédiate. Carnot ne partageait pas cette idée. « Les Russes et les Autrichiens ne pouvaient être prêts avant la fin de juillet ; jusque-là les Prussiens et les Anglais n'oseraient faire aucune tentative sur notre territoire ; rien ne pressait de les attaquer ; on pouvait profiter du délai pour renforcer l'armée active et les garnisons, les forces se trouveraient doublées, et l'on serait en mesure d'aller frapper l'ennemi avec avantage. Les fortifications de Paris seraient achevées ; et en prenant de bonnes positions autour de la ville avec notre armée très supérieure à nombre égal à celle des ennemis, on mettrait ceux-ci dans le plus grand danger. »

Ces observations furent inutiles, Napoléon était décidé :

« Laissez-moi faire, Carnot, vous savez mieux que moi composer un plan de campagne, mais je sais mieux que vous livrer une bataille. Vous avez raison en principe, mais ma politique veut un coup d'éclat. »

« Cet homme va jouer sur une seule carte sa partie et la nôtre, dit Carnot à son frère ; il ne comprend pas que le chef d'un grand État a d'autres devoirs que ceux d'un aventurier. »

Napoléon partit pour cette campagne qui est demeurée célèbre sous le nom de campagne des Cinq Jours, et qui, inaugurée par le succès de Ligny, se termina par le désastre de Waterloo.

Napoléon aurait dû rester à l'armée après Waterloo, et rallier à Laon les débris de ses troupes, qui, avec le corps de

Grouchy, allaient former encore un total de 70,000 hommes. Napoléon revint à Paris. Carnot s'empressa d'accourir, et ses premières paroles à l'empereur furent celles-ci : « Ne restez pas une heure ici, repartez sur-le-champ, allez vous remettre à la tête de votre armée.

— Je n'ai plus d'armée, » répondit l'empereur.

Le conseil fut réuni, mais l'effarement était partout, l'empereur était affaissé. Seul Carnot restait ferme. Il voulait que Napoléon évitât de soulever aucune question politique et se renfermât dans un rôle purement militaire ; que l'on donnât un nouvel élan au sentiment patriotique par une proclamation ardente sans la crainte mesquine de réveiller la passion républicaine ; on appellerait aux armes les fédérés, on mettrait sur pied toutes les gardes nationales, et on pourrait défendre alors les abords de Paris. Napoléon remontant à cheval relèverait le moral du soldat et réparerait le mal qu'avait produit son départ de l'armée.

Deux jours de suite Carnot insista, adjurant l'empereur de ne pas donner l'exemple du découragement.

Carnot croyait-il qu'il restât quelque espoir de salut ? Il ne se faisait pas d'illusion ; il a dit lui-même que les alliés fussent arrivés sous les murs de Paris avant que l'on eût pu y réunir les débris de l'armée. Mais la chute eût été plus grandiose, et peut-être eût-on trouvé la coalition plus modérée.

Napoléon se refusa à toute détermination énergique. La

 CARNOT

Chambre des représentants avait parlé d'abdication, de déchéance; Fouché excitait sourdement l'opposition.

Napoléon désespéra, il signa son abdication, et ce fut Carnot qui eut à remplir la pénible mission de porter cette notification à la connaissance de la Chambre des Pairs. Ce fut son dernier acte comme ministre de l'intérieur.

CHAPÍTRE XVIII

1815. — PROSCRIPTION. — MORT DE CARNOT

Napoléon avait abdiqué. Les deux Chambres constituèrent un gouvernement provisoire qui se composa de cinq membres, Carnot, Fouché, le général Grenier (1), nommés par la Chambre des représentants, Caulaincourt (2) et Quinette, par la Chambre des Pairs.

Ce gouvernement éphémère se trouvait dès le premier jour réduit à l'impuissance; il ne s'agissait guère d'empêcher la catastrophe, mais de la retarder et d'essayer au moins d'en modérer les effets. Les Chambres s'étaient imaginé que les alliés étaient sincères quand ils disaient ne faire la guerre qu'à la personne de Napoléon. Elles essayèrent d'entamer des négociations et elles désignèrent des plénipotentiaires; mais ceux-ci ne purent parvenir jusqu'aux souverains alliés, et Wellington déclara très nettement qu'il ne donnerait ouverture à aucun projet de traité

(1) Grenier (Paul, comte), né à Saintoins en 1768, mort à Morambert, près de Gray, en 1827. Il se distingua à Jemmapes, à Fleurus, puis à l'armée du Rhin et à Wagram.

(2) Caulaincourt (Armand-Augustin-Louis de), duc de Vicence, né à Caulaincourt en 1772, mort en 1827, fut ambassadeur en Russie avant la campagne de 1812, puis ministre des affaires étrangères en 1815.

si au préalable on ne reconnaissait le roi Louis XVIII.

Le gouvernement provisoire n'avait qu'une tâche à remplir, rallier les troupes sous les murs de Paris. Ces troupes, à la tête desquelles fut placé le maréchal Davout (1), s'élevaient à peu près à soixante-dix mille hommes. Mais on pouvait y joindre une force de plus : c'étaient les fédérés qui, accourus de tous les points du territoire, demandaient instamment des armes. Fouché, qui présidait la commission provisoire, jugea à propos de peindre les fédérés comme des hommes plus propres à alarmer les citoyens qu'à les secourir. Carnot releva, comme elle le méritait, cette misérable inculpation : « Refusez les services si vous l'osez, s'écriait-il, mais n'injuriez pas les bons citoyens qui vous les offrent. » Fouché n'en réussit pas moins à faire mettre à l'écart la pétition des fédérés.

Cependant Napoléon était encore à l'Élysée. Carnot s'y rendit au nom de la Commission provisoire, et s'efforça de le décider à un départ immédiat.

Napoléon songeait déjà à aller demander un asile en Angleterre, Carnot l'en détournait : « Vous y avez soulevé trop de haines, on ferait revivre contre vous le bill des étrangers, et on ne vous permettrait pas de mettre le pied sur le sol anglais. »

(1) DAVOUT (Louis Nicolas), duc d'Auerstœdt, prince d'Eckmühl, maréchal de France, né à Annoux en Bourgogne en 1770, mort à Paris, en 1823. Élève de l'école de Brienne. Il servit sous Moreau, puis fit la campagne d'Egypte. Vainqueur des Prussiens à Auerstœdt, défenseur de Hambourg en 1814, ministre de la guerre aux Cent Jours, chef de l'armée après Waterloo.

Carnot aurait voulu que l'empereur se rendît en Amérique. Napoléon ne rejetait pas cette idée, mais il hésitait. Il quitta l'Elysée pour la Malmaison, d'où il devait partir pour Rochefort et trouver chez les Anglais l'hospitalité de Sainte-Hélène.

L'ennemi approchait. La défense de Paris n'était pas possible ; le blocus achevé, il eût fallu se rendre à discrétion.

« Nous avons défendu Paris aussi longtemps qu'il a été possible de le faire sans compromettre le sort des habitants. Nous aurait-on jamais justifiés de l'avoir exposé à toutes les horreurs d'une ville prise d'assaut? » Ce sont les propres expressions de Carnot. Dans une réunion extraordinaire, le 1er juillet, l'impossibilité de la défense fut constatée. Un conseil tenu la nuit au quartier général de la Villette aboutit aux mêmes conclusions : « Notre objet principal a été rempli, nous avons sauvé la capitale du pillage, nous avons réussi à temporiser suffisamment pour que les débris de notre armée pussent se rallier sous ses murs et faire craindre à l'ennemi une attaque décisive. »

Le 3 juillet Carnot passa en revue le camp de Montrouge. Son aide de camp, voyant l'ardeur des troupes, ne put s'empêcher de dire : « Général, voilà un front de bataille qui pourrait donner du fil à retordre aux Anglais et aux Prussiens. — C'est vrai, répondit Carnot, aujourd'hui peut-être, mais demain? Ah! si tout le monde était disposé à se battre comme ces braves soldats! »

Le lendemain la convention de Paris était signée; elle portait suspension des hostilités, conservation du service intérieur par la garde nationale, retraite de nos soldats derrière la Loire, respect des propriétés publiques et privées, garantie que nul ne serait inquiété ni recherché pour sa conduite et ses opinions.

Le 5 juillet les alliés entraient dans Paris, Blücher rangeait ses troupes sur la place du Carrousel, la commission provisoire résignait ses pouvoirs, et le duc d'Otrante devenait le ministre de Louis XVIII.

Parmi ceux qui acceptaient la seconde Restauration, il s'en trouvait pour croire que le gouvernement entrerait dans la voie de la modération; on songea même à inviter Carnot à offrir ses services; Carnot refusa : « Quand je les offris à Bonaparte en 1814, je surmontais ma répugnance dans un intérêt national, et personne ne pouvait penser que ce fût par un motif d'ambition; mais les proposer maintenant au roi serait blesser toutes les convenances, et je ne crois pas que le duc d'Otrante trouve beaucoup d'approbateurs. »

Ceux qui avaient cru à la modération furent bientôt détrompés. Un mois après la proclamation de Cambrai, où Louis XVIII promettait solennellement l'oubli du passé, une ordonnance royale dressait une liste de proscription. Cinquante-quatre noms y étaient compris : Carnot était dans la liste.

D'actives démarches furent tentées pour obtenir sa

radiation. Le duc de Wellington répondit sèchement qu'il ne pouvait se mêler de cette affaire. Le ministre de l'empereur Alexandre, le comte Capo-d'Istria se montra au contraire très bienveillant; il déclara que l'empereur avait témoigné du regret en voyant Carnot porté sur une liste de proscription, mais que cette liste étant publiée, aucun changement ne pouvait y être apporté. Il ajoutait que, si l'empereur était obligé de quitter Paris, il laisserait des ordres pour que M. Carnot ne fût point inquiété.

« J'ai idolâtré ma patrie, disait Carnot dans l'Exposé de sa conduite politique qui paraissait à cette époque, et bientôt peut-être je serai forcé de solliciter de la générosité des princes étrangers un asile dans leurs Etats. »

Cette parole allait se vérifier. Ordre fut donné à Carnot de se rendre en surveillance à Blois. Il jugea plus prudent de prendre immédiatement le chemin de l'exil. Le comte Capo-d'Istria lui avait remis d'ailleurs un passeport. Il en reçut un également de l'état-major prussien.

Carnot quitta la France et prit la route de Belgique. La dernière terre française qu'il devait apercevoir, c'était ce plateau de Wattignies témoin du premier grand succès de nos armées alors victorieuses. Vingt-deux ans s'étaient écoulés et Carnot, après avoir vu tant de victoires, était la victime de nos désastres.

Carnot traversa l'Allemagne, et le 6 janvier 1816 il arriva à Varsovie pour s'y installer. Il y trouva l'accueil le plus sympathique. Le grand-duc Constantin, qui était de fait le vice-roi de Pologne, reçut le proscrit avec une distinction qui fut remarquée ; il eut avec lui de fréquents entretiens, et il poussait la courtoisie jusqu'à quitter sa pipe lorsque Carnot entrait (1).

Ce fut à Varsovie que Carnot apprit que sa situation venait d'être aggravée par la loi dite d'amnistie. Cette loi frappait d'un exil perpétuel tous ceux qui avaient voté la mort de Louis XVI. C'est ainsi que. le gouvernement de Louis XVIII pratiquait l'oubli du passé.

En 1819 une pétition fut adressée à la Chambre des députés pour demander le rappel des proscrits. Le garde des sceaux, M. de Serre, laissa tomber de ses lèvres ce mot fatal : « Jamais! »

La proscription atteignait Carnot dans sa fortune. Sa pension n'était pas payée. En 1820 il crut devoir adresser au ministre des finances une réclamation. « Je dois à mes enfants, disait-il, de leur assurer autant qu'il est en moi des moyens d'existence ; c'est ce qui me détermine à cette juste réclamation, dont je m'abstiendrais s'il ne s'agissait que de moi. »

La lettre demeura sans réponse. Le séjour de Varsovie aurait nécessité de plus fortes dépenses que celles que Carnot pouvait faire ; le climat était trop rude. Carnot avait de plus à craindre que ses relations avec quelques-

(1) CONSTANTIN PAULOWITCH, grand-duc de Russie, deuxième fils de Paul Ier, né le 8 mai 1779, mort le 27 juin 1831. Il renonça au trône impérial en 1825 pour pouvoir épouser la princesse de Lowicz.

unes des grandes familles polonaises excitassent l'ombra-
geuse susceptibilité du grand-duc. Il demanda et obtint du
gouvernement prussien l'autorisation de fixer sa résidence
à Magdebourg.

TOMBEAU DE CARNOT A MAGDEBOURG.

Carnot passa à Magdebourg ses dernières années. Aucun
voyageur ne traversait la ville sans essayer de voir l'illustre proscrit, soit dans ses promenades, soit dans sa de-

meure, dont l'accès était facile. Cependant sa santé déclinait, mais il cachait avec soin à son fils et à ceux qui l'entouraient cet affaiblissement de ses forces. C'est à peine s'il consentait à recevoir la visite d'un médecin. Il sentait que la vie s'éteignait.

Le 2 août 1823 il avait voulu encore se lever; une faiblesse le prit, on n'eut que le temps de le porter sur son lit où il expira.

Il mourait, triste, mais calme, parce que sa conscience lui disait qu'il avait accompli les devoirs d'un honnête homme et d'un bon citoyen.

Et ses restes sont dans le cimetière de Magdebourg! la France qu'il a tant aimée lui doit encore un tombeau. Mais son nom est resté, et chaque jour qui s'écoule ne fait qu'en rehausser la grandeur.

Nous en avons eu deux fois déjà une preuve manifeste. En 1848 une proposition avait été faite tendant à ce que les restes du général Carnot fussent ramenés en France. Cette proposition resta sans effet. Mais en 1881 un monument fut érigé en l'honneur de Carnot à Nolay; depuis ce temps, la statue de l'organisateur de la victoire, œuvre de M. Roulleau, l'un des meilleurs élèves de Barrias, s'élève sur la place de sa ville natale et rappelle à la France d'aujourd'hui le glorieux souvenir du membre du Comité de salut public, du vainqueur de Wattignies, du défenseur d'Anvers, du ministre patriote de 1815.

STATUE DE CARNOT A NOLAY

HIPPOLYTE CARNOT

Fils de Lazare Carnot.

CHAPITRE XXIX

LE FILS ET LE PETIT-FILS DE LAZARE CARNOT

HIPPOLYTE CARNOT. — LE PRÉSIDENT CARNOT

Carnot a laissé deux fils. L'aîné, Sadi, né à Paris en 1796, élève de l'École polytechnique, fut capitaine du génie comme l'avait été son père. C'était un savant qui publia, en 1824, des *Réflexions sur la force motrice du feu*, et qui mourut prématurément à Paris en 1832, victime de l'épidémie cholérique.

Le second, Lazare-Hippolyte, né à Saint-Omer le 6 avril 1801, n'avait que quatorze ans quand son illustre père dut quitter la France, proscrit par Louis XVIII. Tous deux se réfugièrent en Pologne et le jeune Hippolyte fut, à Varsovie et à Magdebourg, le fidèle consolateur du noble exilé.

Lorsque la mort eut terrassé Carnot, le 2 août 1823, son fils revint en France. Il embrassa la carrière du barreau, et il fut de cette phalange de jeunes et vaillants esprits qui luttèrent contre la Restauration et qui embrassèrent les doctrines de Saint-Simon (1). Il eut une grande part dans les travaux de cette école de philosophie sociale, mais il s'en sépara quand Enfantin en fit une secte religieuse. Dès lors il se livra ardemment à son amour pour les études historiques.

---

(1) M. Carnot a, en 1887, lu à l'Académie des Sciences morales et politiques une très intéressante étude sur les Saint-Simoniens.

Un des collègues de son père à la Convention, l'illustre Grégoire, lui
légua le soin de publier ses Mémoires. M. Carnot s'acquitta pieusement
de cette mission et les Mémoires de Grégoire parurent en 1837. Cinq
ans plus tard il mit au jour les Mémoires de Barère, avec la collabo-
ration de David d'Angers. Il écrivit également d'intéressantes notices
biographiques sur ces deux conventionnels et sur Lakanal.

Ces occupations littéraires n'empêchaient pas M.Carnot d'accomplir
ses devoirs politiques. Nommé député en 1839, il fut réélu en 1842
et en 1846. Il siégea sur les bancs de l'opposition radicale. Dès que
la révolution du 14 février 1848 eut renversé Louis-Philippe, M. Carnot
fut appelé à faire partie du gouvernement nouveau comme ministre
de l'Instruction publique. Il occupa ce poste jusqu'au 5 juillet 1848.
Il y rendit d'éminents services. Il améliora le sort des instituteurs, fit
décréter la gratuité de l'École normale et institua des lectures publiques pour le peuple. C'est à lui qu'on doit aussi l'introduction de
l'enseignement agricole dans les écoles primaires et la création de
l'École d'Administration, si malheureusement supprimée. Représentant
de la Seine à l'Assemblée constituante, un des chefs de la gauche
républicaine, M. Carnot, par une de ces anomalies assez fréquentes du
suffrage universel, échoua aux élections de l'Assemblée législative. Mais
dans une élection partielle les Parisiens réparèrent cette erreur, le
10 mai 1850. Jusqu'au 2 décembre 1851, M. Carnot lutta vaillamment
contre les royalistes et contre le parti de l'Élysée. Il quitta la France
après le coup d'État et n'en fut pas moins envoyé au Corps législatif
par ses anciens électeurs, mais il refusa de prêter serment au vainqueur et rentra dans la vie privée. En 1857, élu de nouveau, il persista dans son refus, occupé à la rédaction de ses précieux Mémoires
sur son père (1), et ce ne fut qu'en 1863 qu'il se résigna à rentrer
dans la vie publique. Député de la première circonscription de Paris,
il prit une part active à tous les actes de l'opposition libérale. En

____

(1) Ces Mémoires ont deux volumes, parus de 1861 à 1864.

1869, trop oublieux des services rendus, les électeurs parisiens préférèrent au fils de l'illustre conventionnel un jeune avocat à la parole ardente, Gambetta, et un mordant publiciste, Henri Rochefort. M. Carnot, rendu momentanément à la vie privée et à ses études, assista de sa retraite aux derniers événements de l'Empire et à la catastrophe finale. Après le 4 septembre 1870, il fut nommé maire du VIIIe arrondissement de Paris et rendit pendant le siège de la capitale les plus grands services. Le département de Seine-et-Oise le députa, le 8 février 1871, à l'Assemblée nationale. Il suivit les travaux parlementaires avec assiduité, faisant profiter ses collègues de son expérience et de sa sagesse. Il fut nommé sénateur inamovible le 16 décembre 1875 et devint le chef vénéré de la partie républicaine de cette assemblée. En 1881, il fut nommé membre libre de l'Académie des Sciences morales et politiques, juste hommage rendu à l'écrivain et au penseur. Cette année, le 14 juillet, il patronna avec Henri Martin, Eugène Pelletan et Anatole de la Forge, la revue historique *la Révolution française*, fondée par MM. Auguste Dide, J.-C. Colfavru et Etienne Charavay. Il tint à honneur de présenter au public la première revue consacrée à l'histoire de notre immortelle révolution.

M. Carnot fut aussi un des membres du Comité d'histoire de la Révolution institué par Paul Bert en 1881 et fit également partie de celui que le ministère de l'instruction publique a reconstitué en 1886.

En 1883, il a publié une édition nouvelle d'un volume sur la Révolution française qu'il avait écrit dans les dernières années du second empire. Dans la préface de ce patriotique ouvrage, il constatait en ces termes l'établissement définitif en France de la République : « Maintenant que la France a choisi sa forme définitive de gouvernement, le progrès se continuera sans secousses par l'action alternative des mœurs et des lois, se perfectionnant mutuellement. »

Enfin M. Carnot est dès longtemps membre du Conseil d'administration de la *Société pour l'Instruction élémentaire*, fondée par son père en 1815, et qui rend de si grands services à l'instruction populaire par ses cours publics destinés aux jeunes filles.

M. Carnot a eu, de son mariage avec Mlle Claire Dupont (1), trois
fils. L'un, Adolphe, est ingénieur des mines et occupe dans ce corps
savant une place éminente; un autre habite Nolay, berceau de la
famille. Le troisième naquit à Limoges le 11 août 1837. Il reçut les
prénoms de Marie-François-Sadi. M. Carnot avait donné ce dernier
prénom à son fils, en mémoire d'un frère, tendrement aimé, le savant
mathématicien, dont il pleurait encore la perte. Le jeune Sadi fut
admis, avec le numéro 5, à l'École polytechnique en 1857, suivant en
cela l'exemple de son oncle. Il entra ensuite avec le numéro 1 à l'École
des ponts et chaussées et il en sortit premier en 1863. Il était ingénieur
à Annecy quand éclata la guerre de 1870. Le gouvernement de la
Défense nationale le fit préfet de la Seine-Inférieure, le 10 janvier
1871, et lui confia le soin d'organiser la défense dans toute la région
normande. Il remplit avec un zèle patriotique ces fonctions difficiles.
Le 8 février 1871, il fut élu député à l'Assemblée nationale, le troisième
sur huit, par le département de la Côte-d'Or, berceau de la famille
Carnot. Il fut un de ceux qui votèrent courageusement contre l'adoption
du traité léonin de Francfort qui enlevait à la France deux provinces
bien chères. Membre et secrétaire de la gauche républicaine, il soutint
énergiquement toutes les mesures tendant à l'établissement définitif
de la République. Fidèle aux traditions de son père, aux côtés duquel
il siégeait, il suivait sans hésitation la route que l'honneur et la
loyauté lui traçaient. Aussi les électeurs de l'arrondissement de Beaune
lui renouvelèrent le mandat législatif, le 20 février 1876. Secrétaire
de la nouvelle Chambre, il fut un des 363 députés qui protestèrent par
leur vote contre le coup d'État parlementaire du 16 mai 1877. Aux
élections du 14 octobre de la même année, il fut réélu. L'année suivante, *il fut investi des fonctions de rapporteur du budget du ministère
des travaux publics*, où il devint, le 26 août 1878, sous-secrétaire
d'État. Il fut ensuite ministre des travaux publics, du 23 septembre

---

(1) Mme Carnot s'est associée aux travaux de son mari. Elle se préoccupe constamment des questions d'instruction et d'éducation nationales.

1880 au 14 novembre 1881, et il poursuivit l'exécution des grands travaux dont il avait été un des promoteurs.

Le 24 août 1881, il fut nommé pour la quatrième fois député, mais cette fois aucun concurrent ne songea à lui disputer la place, tellement sa situation défiait toutes les attaques. Il fut appelé par le suffrage de ses collègues à la vice-présidence de la Chambre. En avril 1885, il devint ministre des finances et fut, aux élections de cette même année, nommé au scrutin de liste par le département de la Côte-d'Or. M. Sadi Carnot montra dans le poste qui lui avait été confié une loyauté parfaite, à laquelle, dans une occasion récente, la Chambre tout entière et le pays à sa suite ont rendu hommage. Il quitta dignement le ministère le 3 décembre 1886 et fut aussitôt, par une marque bien remarquable de sympathie et de confiance, nommé premier membre de la Commission du budget. Lorsque des scandales brusquement révélés amenèrent la retraite du chef de l'État et laissèrent le champ libre aux candidatures des chefs des divers groupes de l'Assemblée, on s'aperçut bientôt que la lutte aurait lieu entre républicains et que l'accord sur un candidat unique serait bien difficile, étant donnée la personnalité des deux principaux candidats. Des républicains éprouvés, et parmi eux un ancien collègue de M. Carnot père à l'Assemblée législative de 1849 et resté son ami, un proscrit du 2 décembre, d'une loyauté proverbiale, M. J.-C. Colfavru, député de Seine-et-Oise, l'éloquent sénateur et historien Auguste Dide, et M. Gustave-Adolphe Hubbard, député de Seine-et-Oise, cherchèrent un moyen pratique de ramener la concorde et de dénouer heureusement une situation si critique et si défavorable aux intérêts supérieurs de la patrie. Ils pensèrent que l'ancien ministre, qui avait donné des preuves si remarquables de son intégrité, était en quelque sorte le candidat sur lequel pouvait se réaliser l'union de tous les républicains. L'illustration patriotique *du nom de Carnot, la gloire immortelle du conventionnel, la carrière si belle et si enviable de son fils vénéré, la loyauté et les services éminents du petit-fils, n'étaient-ce pas des arguments décisifs en faveur de la candidature de M. Sadi

Carnot? Aussi, forts de leur conscience, et après s'être préalablement
assurés de l'acceptation de M. Sadi Carnot (1), ont-ils proposé à leurs
collègues de se rallier à cette candidature nouvelle. Le 3 décembre
1887, l'Assemblée nationale, réunie en Congrès à Versailles pour
nommer le successeur de M. Jules Grévy, donna raison aux sages
politiques qui avaient les premiers proposé une candidature de conciliation. Au deuxième tour de scrutin, M. Sadi Carnot fut élu Président de la République par 616 voix, c'est-à-dire par la presque totalité
des députés républicains. C'était justice. La France tout entière, sus-
pendue à ce scrutin d'où semblaient dépendre les destinées mêmes
de la patrie, émue et lasse des luttes personnelles et des questions de
parti, a applaudi au choix du Congrès. Comme au grand jour de la
Fédération du 14 juillet 1790, l'apaisement, la concorde et la joie ont
régné dans les cœurs, et l'Europe elle-même a salué l'avènement du
président Carnot comme une ère nouvelle de paix et de prospérité.
En effet, le nom de Carnot signifie patriotisme et loyauté. Il rappelle
les temps héroïques de notre immortelle Révolution, la défense du
territoire national, la victoire de nos armées improvisées, la fidélité
inébranlable aux principes républicains et à la patrie française. Le
nom de Carnot est également synonyme de science et d'étude, de
modestie et d'intégrité. Noblesse oblige. La conduite passée est un
gage assuré de l'avenir. Lorsque nous célébrerons avec une légitime
fierté et avec un enthousiasme patriotique l'anniversaire de 1789, qui
ne sera heureux de voir au poste de premier magistrat de notre pays
un citoyen qui porte dignement un des noms les plus purs et les plus
respectés de notre histoire républicaine?

ÉTIENNE CHARAVAY.

---

(1) Le 2 décembre 1887, à 10 heures du matin, MM. Colfavru, Dide et Hubbard se
présentèrent chez M. Sadi Carnot. Ils lui exposèrent les périls de la situation et, faisant
appel à son patriotisme et à son dévouement, lui demandèrent l'autorisation de poser
sa candidature. M. Sadi Carnot, justement ému, accepta, en déclarant qu'il désirait
être l'élu de tous les républicains. MM. Colfavru, Dide et Hubbard firent alors imprimer
des bulletins de vote au nom de M. Sadi Carnot et, dans les scrutins préparatoires,
donnèrent, avec leurs amis, un nombre de voix suffisant au nouveau candidat pour
indiquer ce choix aux suffrages des membres du Congrès.

LE PRÉSIDENT CARNOT
3 décembre 1887.

TABLE DES MATIÈRES